대한민국
독립선언서
함께 읽기

천천히읽는책 32 **대한민국 독립선언서 함께 읽기**

글 이명종

펴낸날 2019년 2월 20일 초판1쇄 | 2024년 1월 1일 초판3쇄
펴낸이 김남호 | 펴낸곳 현북스
출판등록일 2010년 11월 11일 | 제313-2010-333호
주소 07207 서울시 영등포구 양평로 157, 투웨니퍼스트밸리 801호
전화 02) 3141-7277 | 팩스 02) 3141-7278
홈페이지 http://www.hyunbooks.co.kr | 인스타그램 hyunbooks
기획위원 이주영 | 편집 이경희 노계순 | 디자인 정진선 김영미
마케팅 송유근 함지숙
ISBN 979-11-5741-153-5 73710

글 ⓒ 이명종 2019
이 책은 저작권법에 의하여 보호를 받는 저작물이므로 무단 전재 및 복제를 금지하며,
이 책 내용의 전부 또는 일부를 이용하려면 반드시 저작권자와 현북스의 허락을 받아야 합니다.

⚠ 주의 종이에 베이거나 긁히지 않도록 조심하세요. 책 모서리가 날카로우니 던지거나 떨어뜨리지 마세요.

대한민국 독립선언서 함께 읽기

글 이명종

머리말

　1910년 8월 22일 일본은 불행하게도 강압과 불법으로 대한제국을 병합하였습니다. 이에 독립운동가들은 한일병합이 정의롭지 못하고 인도주의에 어긋난다고 주장하며 저항하였습니다. 국내는 물론 해외에서도 수많은 독립선언서를 발표하면서 독립운동을 줄기차게 전개했던 것입니다.

　독립선언서는 1910년대에만 61종이 발표되었습니다. 1919년 3·1운동 이전에 발표된 것이 6종이었던 데 비해 3·1운동 이후에 발표된 것은 55종이나 되었습니다. 이로 보면 3·1운동이 독립운동에 얼마나 큰 영향을 미쳤는지를 알 수 있을 것입니다. 1945년 8월 15일 일제에 빼앗겼던 주권을 다시 찾을 때까지 발표된 독립선언서는 모두 103종에 달하였습니다.

　이러한 독립선언서는 국내에서만 발표된 것이 아니었습니다. 중국의 만주와 상해·중경, 러시아의 시베리아와 블라디보스토크, 일본의 도쿄와 오사카, 미국의 하와이와 워싱턴 등에서도 발표되었습니다. 그야말로 삼천리 방방곡곡은 물론이고 세계 곳곳에서 한국의 독립선언이 울려 퍼졌던 것입니다.

일본이 한국을 강점한 데 반대하여 발표한 수많은 독립선언서에는 독립운동의 방향과 정신이 잘 나타나 있습니다. 일본의 부당한 침략에 맞서 싸우는 방법과 방향만이 아니라 새로운 희망에 찬 나라를 건설하려는 목표와 방법을 뚜렷하고 분명하게 드러냈던 것입니다.

이러한 열망이 삼천리강산 곳곳에서 들불처럼 일어난 것이 바로 1919년의 3·1운동이었습니다. 3·1운동은 역사상 처음으로 거의 모든 한국인이 전국 곳곳에서 독립이라는 하나의 목표를 향해 대동단결하여 직접 행동하였다는 점에서 매우 커다란 의미를 가집니다. 새로운 시대를 여는 획기적인 역사적 사건이라고 할 수 있습니다.

3·1운동의 목표가 결실로 나타난 것이 곧 대한민국 임시 정부입니다. 3·1운동이 있은 지 1달여가 지난 4월 11일에 독립운동가들은 중국 상해에 모여서 새롭게 세울 나라의 국호를 '대한민국'이라고 정하고 '대한민국'을 이끌어 나갈 조직으로 바로 '대한민국 임시 정부'를 만든 것입니다.

이런 이유로 당시 독립운동가들은 '대한민국'이 3·1운동으로 '건립'되었다고 말해 왔습니다. 1919년 10월 30일 독립운동가들이 〈대한 민족 대표 독립선언서〉에서 '대한민국이 독립국이요 대한 국민이 자유민'이라고 분명하게 말한 점은 바로 이런 뜻에서 나온 것입니다.

이 책은 독립선언서 4편을 읽기 쉽게 풀어쓰고 해설을 붙였습니다. 이 4편의 독립선언서는 지금까지 알려진 독립선언서들 가운데 극히 일부분에 지나지 않습니다. 그렇지만 이 선언서들에는 독립운동의 필요성과 방향, 그리고 새로 대한민국을 세우는 정신이 잘 나타나 있습니다. 독립운동 정신은 곧 대한민국 정신으로 이어졌는데, 그 정신을 요약하자면 대한민국의 자주독립과 민주주의와 정의 그리고 세계 인류의 평등과 평화라고 할 수 있을 것입니다. 이러한 정신은 오늘날에도 우리에게 매우 필요하고 지켜 나가야 할 중요한 가치입니다.

올해로 3·1운동과 대한민국이 100주년을 맞이하였습니다. 이에 즈음하여 여러분과 함께 독립선언서를 읽게 된 기회를 가진 것이 얼마나 큰 기쁨인지 모르겠습니다. 독립선언서를 읽으면서 독립운동가들이 목숨을 바쳐 대한민국을 건국한 정신을 생각하고 나아가 이를 굳세게 지켜내겠다는 마음을 가진다면 좋겠습니다. 이미 2018년 3월 1일 우리헌법읽기국민운동은 '대한민국 100년 생일잔치'를 위해 학생·시민들과 함께 3·1 독립선언서를 태화관에서 함께 읽는 행사를 하였습니다. 이 책이 세상에 나올 수 있었던 것은 우리헌법읽기국민운동이 거행한 '대한민국 100년 생일잔치'의 경험이 있었기 때문입니다. 이 자리를 빌어서 우리헌법국민운동 회원님 여러분께 깊이 감사드립니다. 더욱이 매우 중요한 의미가 있는 책이 세상에 나올 수 있도록 헌신적으로 도와주신 우리헌법읽기국민운동 이주영 공동대표와 현북스에 깊이 감사드립니다.

대한민국 100년, 2018년 12월 20일
한국 근대사를 사랑하는 이명종 씀

차례

머리말 4

1_ 대동단결 선언 10

2_ 대한 독립선언서 [무오 독립선언서] 46

3_ 3·1 독립선언서 68

4_ 대한 민족 대표 독립선언서 92

1

대동단결 선언

대동단결 선언

연월일	장소	선언 주체
1917년 7월	중국 상해	신규식 등 14명

　1917년 7월 중국 상해에서 신규식, 박은식, 신채호, 조소앙, 박용만 등 14명이 독립운동의 나아갈 방향을 개척하기 위해 임시 정부 수립에 관한 민족 대회의를 소집할 것을 처음으로 주장한 선언문이다. 〈대동단결 선언〉은 1986년 안창호의 유품에서 발견되어 세상에 알려졌다.
　〈대동단결 선언〉은 나라의 주권은 국민에게 있다는 국민 주권주의를 독립운동의 이념으로 확립하였을 뿐 아니라, 정부의 체제를 계획하는 등 1917년까지 다양하던 독립운동의 이론을 결집하였다는 점에서 중요한 의미를 가지고 있다.
　선언서의 주요 내용을 요약하면, 주권은 민족의 고유한 것인데 일제의 강압으로 순종 황제가 주권을 포기하였으니 대한 국민이 이를 다시 되돌려 받은 것이므로 주권 행사의 권리와 의무가 대한 국민에게 있고, 그런데 국내 동포는 일제에 구속되어 있으니 그 책

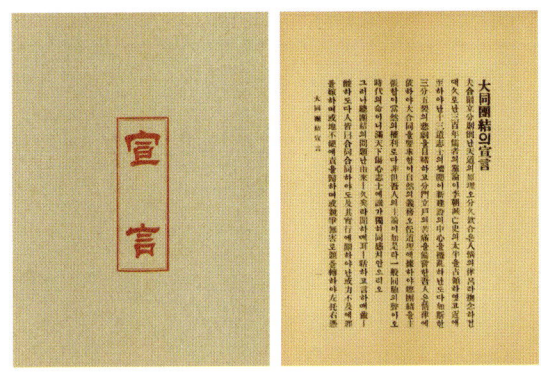

대동단결 선언

임을 해외 동지가 감당해야 한다는 것이다. 그리고 이 국가적인 책임의 행동을 성취하기 위해서 '통일 기관', '통일 국가', '원만한 국가'의 달성이라는 3단계 요령을 제시하고 있다. '통일 기관'이란 임시 정부를 뜻하고, '통일 국가'는 바로 대한민국을 가리키며, '원만한 국가'란 민주 공화국을 의미한다.

이와 같은 '선언'의 계획은 당장에는 실현되지 못하였으나 문서로 동포 사회에 널리 퍼져 나갔으며, 또 《신한민보(新韓民報)》 등 각처의 신문을 통해서 국내외 동포를 계몽하여 1919년 임시 정부를 수립하는 데 기둥이 되었다.

〈대동단결 선언〉은 궁극적으로는 헌법을 통해 국민 주권과 민족 평등을 보장하는 민주주의 국가를 건설하기 위해서 국내외 동포들에게 임시 정부 수립을 제안한 것이었다.

대동단결의 선언

　대개 뭉치면 서고 나뉘면 쓰러지는 것은 하늘의 원리이고, 나뉜 지가 오래면 뭉치고자 하는 것이 인정의 이치이다. 생각건대 멀리로는 300년 동안 유림이 사색당파로 나뉘어 다투었던 당쟁이 조선 왕조 멸망사의 절반 이상을 차지하였고, 가까이로는 13도 지사의 집안싸움이 새로운 건설을 이룩하려는 중심을 어지럽혔다. 이러한 삼분오열의 비극을 목격하고 집의 문을 따로 세우는 고통을 맛본 우리들이 인정의 규율에 의해 대합동을 요구하는 것은 자연의 의무요, 또 도리에 의지하여 총단결을 주장하는 것은 당연한 권리이다. 비단 우리들의 주장이 이와 같을 뿐만 아니라 일반 동포의 함성이요 시대의 명령이니 만천하의 상심한 지사 중에 누가 홀로 동감하지 않겠는가.

대동단결(大同團結) 많은 사람 또는 여러 조직이 큰 덩어리로 한데 뭉침. 여러 독립운동 단체들이 하나의 큰 단체로 뭉치는 것을 말한다.

13도 지사의 집안싸움이 새로운 건설을 이룩하려는 중심을 어지럽혔다. 1890년대 말 이후 일본과 중국 및 서구 열강의 침략이 본격화되는데도 조선은 개화 찬반 세력으로 나뉘어 서로 싸우느라 새로운 질서를 만들기 위한 개혁에 성공하지 못한 것을 말한다.

13도(道) 1896년 8월 4일 시행된 지방 제도로 당시 조선을 경기도, 황해도, 강원도, 충청남도와 충청북도, 경상남도와 경상북도, 전라남도와 전라북도, 평안남도와 평안북도, 함경남도와 함경북도 등 '13개의 도'로 나뉘었다.

삼분오열의 비극을 목격하고 집의 문을 따로 세우는 고통 외세의 침략 앞에 일치단결하지 못하고 친일본, 친중국, 친러시아, 친미국 등 여러 파벌을 만들어 다투다 결국 나라의 주권을 빼앗기게 된 것을 말한다.

인정의 규율에 의해 대합동을 요구하는 것은 자연의 의무요, 또 도리에 의지하여 총단결을 주장하는 것은 당연한 권리이다. 파벌과 분열로 나라가 망한 우리 민족에게 '대합동'은 인정의 자연스런 의무이고, '총단결'은 당연한 권리라는 뜻. 즉, '합동'과 '단결'은 우리 민족이 마땅히 실천해야 하는 권리라는 뜻이다.

당파 싸움과 문벌 싸움으로 나라가 망했으므로
대합동과 총단결은 독립운동 동지들의 의무이자 권리인 동시에
일반 동포의 요구이고 시대의 명령이니 누구도 이에 거스를 수 없다.

그러나 총단결의 문제는 유래가 오래되었다. 듣자니 귀가 아프고 말하면 이가 시릴 정도다. 사람들이 모두 '합동', '합동' 하지만 그 실행에 관해서는 힘이 부족함을 탓하거나 혹은 불편한 처지에 책임을 돌리거나 혹은 '경쟁은 해롭지 않다'는 말로 이리저리 핑계를 댄다. 이렇게 흘러간 세월이 망국 8년에 이르렀는데도 내외 지사가 여전히 서로 흘겨만 보니 일치단결의 희망이 아득하다. 오히려 두려워 깊이 반성하는 자세가 없고 태연히 일시적인 방책을 꾀하면 망한 나라를 다시 이어 나가고 독립을 이룩하는 일은 헛된 꿈이 될 것이다.

망국(亡國) 8년 나라가 망한 지 8년이 된 것을 말한다. 여기서 '망국'은 1910년 8월 22일 일본이 강제로 '한일병합조약'을 맺고 우리나라 주권을 빼앗은 것을 말한다. 일본은 이 조약을 8월 29일에 발표하였다.

망한 나라를 다시 이어 나가고 독립을 이룩하는 일 선언서의 원문에는 "궁예와 견훤(弓甄)의 미몽(迷夢)이요 화마(華瑪)의 적성(赤誠)은 아니다."라고 되어 있다. 궁예와 견훤은 망한 고구려와 백제를 다시 잇고자 각각 후고구려와 후백제를 일으킨 인물이고, 화마(華瑪)는 미국의 독립운동가 워싱턴(음역어 화성돈華盛頓)과 이탈리아의 통일 독립운동가 마치니(음역어 마지니瑪志尼)를 가리킨 것이다. 따라서 '궁예와 견훤', '화마'를 망한 나라를 다시 이어 나가고 독립을 이룩하는 일이라고 풀이하였다.

나라가 망한 지 8년이나 지났는데도
예전처럼 대한 사람들이 총단결을 하지 못하면
나라를 다시 일으켜서 독립을 이룩하는 꿈은
결코 실현되지 못할 것이다.

근래 러시아에 의지하자, 일본에 의지하자, 중국에 의지하자, 미국에 의지하자고 하는 선비들이 각각 문화다, 무력이다, 남이다, 북이다 하며 어지럽게 주장하여 작게는 우애를 무시하고 크게는 사람의 도리를 저버린 증거가 현저하니 오호라, 10년 동안 있는 힘을 다해 싸워서 얻은 것이 무엇인가! 이마에 부은 물은 반드시 발뒤꿈치로 흐를 것이니, 불쌍한 우리 자손에게 그런 잘못이 대대로 전해져 마침내 무리를 지어 남을 배척하는 중독에 빠지고 말아 우리의 앞길은 영원히 부끄러운 모습을 거듭 행할 것이다. 생각이 이에 미치니 오장육부가 찢어지고 끊어진다.

무리를 지어 남을 배척하는 선언서 원문에 있는 '당동벌이(黨同伐異)'를 풀어 쓴 것이다. 당동벌이의 사례로는 바로 위에서 말한 '러시아에 의지하자, 일본에 의지하자, 중국에 의지하자, 미국에 의지하자고 하는 선비들이 각각 문화다, 무력이다, 남이다, 북이다 하며 어지럽게 주장' 하는 것을 들 수 있다. 즉, 당동벌이는 친러파, 친일파, 친중파, 친미파 등 파벌을 지어 남을 배척하면서 나라의 운명은 생각하지 않고 파벌의 이익만을 좇는 행태를 말한다.

오장육부가 찢어지고 끊어진다. 오장육부(五臟六腑)는 몸속에 있는 위, 간, 폐, 심장처럼 중요한 장기들을 말한다. 너무나 슬퍼서 그런 것들이 모두 찢어지고 끊어지는 아픔을 뜻한다.

지난 10년 동안 나라의 주권을 되찾기 위한 운동을 벌였는데도
'무리를 지어 남을 배척하는' 나쁜 버릇을 계속 거듭할 뿐이니,
아직도 나라를 되찾고 독립을 이룩하지 못하는 슬픔에
오장육부가 찢어질 듯이 아프다.

잠시 국내의 현상을 돌아보면 1910년(경술년) 이후로 마귀의 사악한 공격이 극치에 달하여 그 상황이 정신을 합병하기까지에 이르렀다. 반쪽은 일본이고 반쪽은 한국인 괴물이 날로 늘어나고, 승려도 아니고 속세 사람도 아닌 요사스러운 귀신이 무리를 지어 나와서, 혹은 종교를 빙자하여 동화 정책에 선봉이 되며 혹은 정치를 노래하여 자치론을 앞세우더니 마침내 저들의 술책이 2천만 호흡 기관을 파괴하며 4천 년 대동맥을 절단하는구나. 무엇을 가리킴인고. 한국말을 쓰는 사람을 가혹하게 처벌하고 한국사를 가르치는 선생을 자리에서 쫓아내는 일이 바로 이것이다. 만일 이런 형세가 계속 이어지면 몇 년 못 가 섬나라 오랑캐의 문자는 부자간 통신에 사용되고 한민족의 옷차림은 초상집이나 결혼식에서도 보기 힘들게 될 것이니, 명의를 잃어버린 데 눈물을 뿌린 자는 사실마저 잃어버린 데에 피가 솟구칠 것이다.

경술년(庚戌年) 일본이 우리나라의 주권을 강제로 빼앗은 '한일병합조약'이 이루어진 해인 1910년도를 말한다.

동화 정책(同化政策) 일제 강점기에 일본이 한국인의 언어·문화·생활 양식 등을 말살하고 자기네 것을 강요하기 위해 펼친 정책이다.

자치론(自治論) 일제 강점기 한국의 독립운동은 소용이 없다고 하면서, 일본의 한국 지배를 인정하고 자치만 실시할 것을 주장한 이론이다.

명의를 잃어버린 데 눈물을 뿌린 자는 사실마저 잃어버린 데에 피가 솟구칠 것이다. 일본에 나라의 주권을 빼앗긴 것에 눈물을 흘린 사람들은 일제가 대한의 언어와 역사, 문화마저 빼앗는 것에 대해 피가 거꾸로 솟는 울분을 터뜨린다는 뜻이다.

1910년 8월 22일 조인된 '한일병합조약'으로
한국의 주권을 강제로 빼앗은 일본이 마침내
한국인의 언어와 역사와 문화와 정신까지도 빼앗아 버리니
눈물이 흐르는 슬픔을 넘어서
피가 거꾸로 솟구치는 분노가 일어난다.

저 필리핀의 애국가와 베트남의 전문 대학과 인도의 과반수의 군대와 핀란드의 입법 기관은 그래도 명맥이 남아 있지 않은가. 동서양 만국에 비교할 데가 없는 우리 한인의 현상은 실로 참혹하니 어찌 차마 말할 수 있겠는가. 그렇지만 국내 동포는 해외 동지에 대하여 한 가닥 남은 희망을 걸고 날마다 부활의 복을 기도하는구나.

이에 대하여 해외 동지의 각오는 어떠한가. 과연 그 요구에 응할 준비와 그 기대에 부응할 활동이 분명한가. 한밤중 스스로 생각할 때에 한 줌 열정의 눈물이 그치지 않는다. 이는 다름이 아니라 지루하게 사사로운 싸움으로 국가 상속의 대의를 돌보지 않은 탓이니 달리 무슨 까닭이 있겠는가.

저 필리핀의 애국가와 베트남의 전문 대학과 인도의 과반수의 군대와 핀란드의 입법 기관은 그래도 명맥이 남아 있지 않은가. 미국의 식민지 필리핀, 프랑스의 식민지 베트남, 영국의 식민지 인도, 러시아의 식민지 핀란드는 모두 식민 통치를 당하고 있지만 각각 자기 민족의 명맥을 유지하는 부분이 있는 반면에 한국은 일제의 동화 정책 때문에 우리 민족의 명맥을 이어 나가기가 매우 어렵다는 점을 강조한 것이다.

부활의 복 일본에게 빼앗긴 나라의 주권을 다시 찾는 일

국가 상속 일본에게 빼앗긴 나라의 주권을 다시 찾아서 이를 이어받은 새로운 나라를 세우는 것을 말한다.

일제의 지배 아래 국내 동포들은 참혹한 생활을 견디며
해외 동지들이 나라를 부활시킬 날을 기대하고 있다.
그런데도 우리 해외 동지들은 이런 기대에 부응하여
새로운 나라를 세우는 도리를 다하고 있지 않으니 매우 슬프다.

순종 황제가 삼보를 포기한 8월 29일은 곧 우리 동지가 삼보를 계승한 8월 29일이니 그 사이 국권이 멈춘 때가 한 순간도 없다. 우리 동지는 완전한 상속자이니 저 황제권이 소멸한 때가 곧 민권이 발생한 때이다. 구한국 최종의 날은 곧 신한국 최초의 날이니 무엇 때문인가. 우리 한국은 아주 먼 과거부터 한국인의 한국이고 비한국인의 한국이 아니다. 한국인 사이에 주권을 주고받는 것은 역사상 불문법의 국헌이고, 비한국인에게 주권을 넘겨주는 것은 근본적으로 무효이며 한국 국민성이 절대로 불허하는 바이다. 때문에 1910년 순종 황제의 주권 포기는 곧 우리 국민 동지에게 은연중에 그 자리를 물려준 것이니 우리 동지는 당연히 삼보를 계승하여 통치할 특권이 있고 또한 대통을 상속할 의무가 있다. 그러므로 2천만의 생명과 삼천리 옛 강토와 4천 년의 주권은 우리 동지가 상속하였고 상속하는 중이고 상속할 터이니 우리 동지는 이에 대하여 불가분의 무한 책임이 중대한 것이다.

순종 황제가 삼보를 포기한 8월 29일은 곧 우리 동지가 삼보를 계승한 8월 29일이니 그 사이 국권이 멈춘 때가 한 순간도 없다. 삼보(三寶)는 이른바 국가의 3요소인 주권, 영토, 국민을 말한다. 3보는 국민이 순종 황제한테 맡긴 것이므로 국민이 맡긴 3보를 일본에 넘겨줄 수 있는 게 아니다. 따라서 1910년 8월 29일은 순종이 3보를 포기하자 그 3보가 국민에게 다시 돌아온 날이다. 순종이 포기한 나라의 주권을 곧바로 대한 국민이 돌려받았으므로 대한의 주권은 한순간도 일본한테 넘긴 적이 없다는 뜻이다.

구한국과 신한국 구한국은 대한제국이고, 신한국은 망한 대한제국 대신에 우리 민족이 새로 세워야 하는 한국을 말한다. 3·1 운동으로 '대한민국'이 세워짐으로써 결실을 맺게 된다.

> 한일병합이 공포된 1910년 8월 29일은
> 황제권이 소멸하고 민권이 발생한 때이며,
> 대한제국이 무너지고 새로운 한국이 들어서는 날이자,
> 대한의 국민 동지들이 대한제국의 주권을 계승한 날이다.
> 그러므로 대한의 동지들은 대한을 통치할 특권이 있고
> 대통을 상속할 의무가 있다.

    이와 같이 아주 먼 과거 이후로 자자손손이 대를 이어 가며 삼보를 상속한 자는 완전한 통일 조직을 기다려야 비로소 그 권리와 의무를 행사할 수 있을 것이다. 작은 명분과 작은 이익에 골몰하여 백년대계를 방해하면 이는 고아 된 자가 대추와 밤 때문에 초상임을 잊어버리는 격이다.

    이에 지금 우리 동지는 내외 정세에 느낀 바가 깊고 절실하여 법리상, 정신상으로 국가 상속의 대의를 선포하여 해외 동지의 총단결을 주장하며 국가적 행동의 단계로 나아가 활동할 것을 표방한다. 아울러 내면으로 실질 문제에 들어가 대동단결의 이익을 논하니 하나는 재정, 둘은 인물, 셋은 신용의 문제가 이것이다.

통일 조직 새로운 나라의 주권, 영토, 국민을 통일적으로 온전히 관할할 수 있는 조직으로 곧 정부를 지칭한 것이다. 상속받은 주권, 영토, 국민을 제대로 지켜 내려면 정부와 같은 통일 조직이 필요하다고 강조한 것이다.

이는 고아 된 자가 대추와 밤 때문에 초상임을 잊어버리는 격이다. 여기서 '고아'란 일본에게 나라를 빼앗긴 대한의 국민을 말하고, '대추와 밤'이란 작은 명분과 작은 이익을 뜻한다. '초상'이란 누가 죽어서 지내는 장례를 말한다. 일본으로부터 얻어먹는 '작은 이익'에 눈이 멀어 나라를 빼앗겼다는 사실을 잊어서는 안 된다고 충고하는 것이다.

대동단결의 이익을 논하니 하나는 재정, 둘은 인물, 셋은 신용의 문제가 이것이다. 주권을 상속받은 대한 국민이 새로운 나라를 세우는 행동으로 나아가기 위해서는 대동단결해야 한다. 왜냐하면 대동단결을 해야만 재정·인물·신용 면에서 가장 큰 권익을 얻을 수 있기 때문이다.

> 우리 대한의 국민 동지들은
> 대한제국을 계승한다는 대의를 선포하고
> 해외 동지를 총단결시켜 통일 조직을 갖춘
> 국가를 건설하는 행동으로 나아가자.
> 이를 위해서는 대동단결을 이룩하는 일이 중요한데
> 그 이유는 재정, 인물, 신용 등 세 가지 면에서
> 가장 큰 권익을 얻을 수 있기 때문이다.

돌아보니 지금 학정을 피하여 국경 바깥에 생활 근거를 세운 자가 무려 백만이니 빈부를 평균하여 1인당 0.5원을 징수하는 것이 절대 바랄 수 없는 일이 아니다. 만일 총단결의 명분이 정대하고 기치가 선명하여 완전한 계통적 활동을 시도하면 50만 원의 수입으로 수많은 훌륭한 인재를 충분히 망라하여 사업을 계속할 수 있는 기초를 공고하게 할 수 있다. 이에 반하여 동서로 대립하며 자질구레한 작은 자본으로 온갖 일을 각기 꾸려 나가려고 한다면 작은 잡화상이 될 뿐이다. 명목은 더 많은데 품질이 더 비루하고 현판은 더 높은데 내용이 더 구차하여 도저히 문명한 인사의 환영과 순하고 선량한 동포의 신망을 얻기 어려울 것이다. 저 신디케이트 동맹의 유행은 여러 사람이 합친 힘의 효용을 먼저 깨닫고 실행한 데 따른 것이다. 상업과 국제 관계가 이러할진대 하물며 우리로서는 패망한 뒤의 상황을 수습하여야 마땅히 서로 도와서 일대 유기체를 만들어 대법인의 원기를 충실히 함양할 수 있을 것이니 이는 경제로 대동단결하는 것이 매우 중요한 일임을 말해 준다.

신디케이트(syndicate) 몇 개의 기업이 공동 판매 기관을 만들어서 가맹 기업의 제품을 판매하는 일, 또는 그 조직

유기체 동식물 따위의 생물을 일컫지만, 사회에도 적용되는 말이다. 즉 많은 부분이 일정한 목적 아래에 통일·조직되어 그 각 부분과 전체가 필연적 관계를 가진 것을 말하는데 예컨대 국가, 사회 등이 해당된다.

대법인(大法人) '법인'이란 자연이 아니고 법률상으로 인격이 주어진 권리·의무의 주체를 말하는데, 여기서 '대법인' 즉 '법인 중에서도 큰 법인'이란 바로 국가 내지 정부를 말하는 것이다.

잡화상 자잘한 여러 가지 물건을 모아 놓고 파는 작은 가게, 또는 그런 장수

새로운 나라를 세우기 위해 대동단결을 이룩하면
훌륭한 인재를 모으고 사업을 계속할 수 있는
경제적 기초를 공고히 할 수 있다.

무릇 인재를 논하건대 사람은 만능의 재주를 가진 자가 적고 일은 직분을 나눌수록 이로움이 많다고 한다. 지금 각처의 진행 상황은 업무 분담의 규칙이 많지 않고 겸임하는 경우가 많으니 여생을 표류하게 된다. 준비하지 않은 것을 책할 겨를마저 없다. 그러나 개량의 여지가 있는 한 곧 책임의 여지가 없지 않다. 저 시골의 글방을 보건대 마을마다 글방을 세우고 집집마다 오직 스승의 유풍을 버리지 못하여, 통일 개량의 논의가 그의 양심을 찌르지만 저 고집스런 버릇을 깨기가 어려워서 못된 사람의 옛 태도를 반복하니 해외의 현재 사정 또한 반복하는 것이 이와 같다.

지금 각처의 진행 상황은 업무 분담의 규칙이 많지 않고 겸임하는 경우가 많으니 여생을 표류하게 된다. 지금 각지에서 인재들의 활약 상황을 보면 한 사람이 여러 가지 업무를 겸하여 맡아서 결국 일을 하지 못하게 되는 인재들이 많이 생기는데 그 이유는 업무 규칙이 제대로 정해지지 않았기 때문이라는 것이다. 다시 말해 정부와 같은 '통일 조직'이 없어서 인재들이 제대로 활동하지 못하고 있는 점을 지적한 것이다.

저 시골의 글방을 보건대 마을마다 글방을 세우고 집집마다 오직 스승의 유풍을 버리지 못하여, 통일 개량의 논의가 그의 양심을 찌르지만 저 고집스런 버릇을 깨기가 어려워서 못된 사람의 옛 태도를 반복하니 해외의 현재 사정 또한 반복하는 것이 이와 같다. 지금 해외의 동지들이 정부 규모와 같은 '통일 조직'을 만들지 못하고 있는 상황은 마치 시골에서 집집마다 못된 유풍을 버리지 않고 고집하는 태도를 반복하여 결국 통일적인 개량이 이루어지지 못하고 있는 상황과 비슷하다는 뜻이다.

유능한 인재들을 꾸려서
새로운 나라를 만들기 위해서는
옛날처럼 자기 집안만을 고집하는
못된 버릇을 버려야 한다.

인물 양성의 주체가 매우 많지만 인물 양성의 객체는 매우 적고, 문무를 겸하여 착수한 일이 매우 많으나 성공할 수 있는 일은 하나라도 매우 어려우니 아, 슬프다. 연못의 교룡이 대인을 만나기가 어렵구나. 따라서 지금 이후로는 총 단체의 대의 아래 천하 영재를 돌보아 무상 법인의 대표를 선정하여 모든 직무에 어질고 재능 있는 사람으로 가려서 맡기면 인재가 날로 여유롭고 사업이 날로 나아질 것이니 이는 인물 운용에서 합동의 요긴함을 말한 것이다.

연못의 교룡이 대인을 만나기가 어렵구나. 영웅호걸과 같은 인재는 많으나 대인처럼 나라를 다스리는 경륜을 가진 인물은 드물다는 뜻이다.

교룡(鮫龍) 교룡(蛟龍)과 같은 뜻. 교룡은 '뿔이 없고 비늘이 있는 용'을 말하는데, '때를 못 만나 뜻을 이루지 못한 영웅호걸'을 비유할 때 쓰는 말이다.

대인(大人) 인·의·예·지·덕(仁義禮智德)을 갖춘 사람으로 곧 군자(君子)를 뜻하는데, 여기서는 새로운 나라를 세우는 일을 이끌어 갈 지도자를 말한다.

무상 법인(無上法人) '무상(無上)'이란 그 위에 더 없다는 뜻이므로 '무상 법인'이란 최고의 법인을 의미한다. 앞에서 말한 '대법인'과 같은 뜻으로 쓰여 국가나 정부를 가리킨 것이다.

> 대동단결을 이룩하여 천하 영재를 모아서
> 대표를 선정하고 인재들을 선발하면,
> 새로운 나라를 만드는 사업이
> 날마다 여유롭고 발전할 것이다.

이와 같이 재물을 합하고 인물을 모아 대의명분에 의지하여 총 기관을 성립하면 마치 제1급의 국가적 권위가 나타나 규모가 커지고 직권은 분명하고 실력은 충족하여 대내외의 신용을 확립하고 임기응변의 기능이 민첩하여 족히 대법인의 이상적 작용을 볼 수 있을 것이다. 그러니 선통제는 동맹회의 통일 연락을 기다려 대청제국을 내려주었고, 러시아 황제는 폴란드인의 재외동맹단과 유태인의 '토지 없는 국가'를 기다려 자치 독립의 복음을 선전하였으니 흩어진 힘을 한데 모으고 여러 사람의 마음을 한데 합하는 것의 효용이 이와 같다.

선통제(宣統帝) 중국 청나라의 마지막 황제. 1908년 3살의 나이로 청의 12대 황제가 되었지만 1912년 신해혁명으로 물러났다. 청나라 황제 선통제가 중국 국민이 만든 동맹회에 주권을 넘겨주었다는 뜻이다.

동맹회(同盟會) 1905년에 중국의 쑨원(孫文)이 중심이 되어 일본 도쿄에서 결성한 혁명 단체인 중국혁명동맹회를 말한다. 삼민주의(三民主義, 민족·민권·민생주의)를 바탕으로 민주 공화의 혁명을 주창하였으며 반청 무장 투쟁을 벌였다. 중화민국을 세우는 데 큰 힘이 된 단체다.

러시아 황제 러시아 로마노프 왕조의 마지막 황제 니콜라이 2세를 말한다. 1917년 3월 러시아 혁명으로 물러났다.

재물을 합하고 인물을 모아
대의명분에 의하여 총 기관을 성립하면
제1급의 국가적 권위가 나타나서
대내외의 신용을 확립할 수 있다.

동양과 서양의 정세를 비추어 보건대 제1차의 통일 조직은 제2차 통일 국가의 근원이 되고, 제2차에 국가적으로 꾸며 만든 것은 나중에 원만한 국가의 전신이다. 기회란 본래 공평하여 준비한 사람의 소원을 어기지 않으리니 오늘 우리 눈앞에 가로 누워 있는 행운의 기회가 무엇을 기다리는가? 시간이 지나감에 따라 더욱더 우리의 유기적 통일을 기다리는구나. 1917년 러시아의 혁명은 나라가 망한 반쪽짜리 한인에게 복이니 핀란드, 유대, 폴란드가 그 선진을 보였고, 1차 세계대전 후 연합국의 해산은 전 세계의 복이니 아일랜드, 트리폴리, 모나코, 인도, 티베트, 고려 등은 부활의 목소리가 날로 높고 그 해방의 주장이 날로 맹렬하다.

제1차의 통일 조직은 제2차 통일 국가의 근원이 되고, 제2차에 국가적으로 꾸며 만든 것은 나중에 원만한 국가의 전신이다. '통일 조직'이란 독립운동 단체들의 통일된 조직을 말하고, '통일 국가'란 통일 조직이 건설한 나라를 말하며, '원만한 국가'란 국민의 총의를 모은 국가 정체라고 할 수 있다. 이후 '통일 조직', '통일 국가', '원만한 국가'는 각각 '임시 정부', '대한민국', '민주 공화국'으로 나타났다.

러시아 혁명 1917년 3월과 11월에 러시아에서 일어난 혁명. 이 혁명을 통해 러시아에서는 로마노프 왕조의 군주제 정치가 무너지고 1922년에 '소비에트 사회주의 공화국 연방'이 들어섰다. 러시아 혁명 시기에 핀란드와 폴란드가 러시아로부터 독립하였다.

반쪽짜리 한인 나라를 잃고 해외를 떠도는 한국인을 스스로 부끄럽게 부를 때 쓰는 말이다.

1차 세계대전 후 연합국의 해산 1차 세계대전 후에 동맹국과 연합국이 해산한 것을 말한다. 이 부분은 강대국의 식민지였던 국가에서 1차 세계대전 후에 해방 운동이 고조될 것으로 예견한 대목이다.

통일 조직을 갖추어야 장차 완전한 국가를 만들 수 있는데
지금 바로 이런 기회가 우리 눈앞에 다가왔다.
전제주의 시대가 무너졌고 침략주의 시대가 물러났으니
한국 등 약소민족 국가에서 해방의 소리가 날로 높아질 것이다.

이에만 그칠 뿐이 아니다. 민권연합회는 강권을 타파하고 민권을 신장하는 대운동에 착수하여 국경과 인종을 넘어서고, 만국사회당은 나라를 보존하고 잇겠다는 대의를 선포하여 인류의 만복을 올바르게 결정하는 상황이니 이날이 바로 행복한 날이다. 지옥을 타파하는 목소리와 신성한 나라를 세우는 운수가 큰 형세로서 궤도를 타고 굳건히 공전하니 우리 동지가 이로써 스스로 힘써 몸과 마음을 가다듬어서 하나로 모일 때이다. 때는 가까이 왔으나 남아 있는 날이 많지 않고, 짙은 구름이 가득 끼었으나 비가 내리지 않는구나. 지극히 오랜 세월 밝고 환한 빛이 금강석 같은 고국 땅을 멀리 비추고, 삼천 년에 한 번씩 핀다는 우담화가 인연을 맺어 어지러이 흩날리며, 향나무의 향기에 여러 사람들의 마음이 기쁘고 즐거우니 이날이 바로 행복한 날이다. 장엄하고 신성한 무상 법인이 중대한 일을 위하여 출현할 상서로운 징표가 아닌가.

금강석(金剛石) 우리나라의 땅을 세상에서 가장 단단하고 아름다운 금강석에 비유한 것이다.

우담화(優曇花) 인도가 원산지로서 보리수와 더불어 종교상 신성한 나무로 취급하고 있다. 인도 전설에서 이 꽃은 3,000년에 한 번 핀다고 하며, 꽃이 피면 세계를 통일하는 이상적인 제왕이 나타난다고 한다. 선언문에서 '우담화가 어지러이 흩날린다'고 말한 것은 바로 '독립 국가와 정부가 세워진다'는 것을 상징적으로 표현한 것이다. 즉 금강석과 같이 영원하고 아름다운 고국 땅에 신성한 독립 국가와 정부를 세울 것을 염원한 표현이다.

강권을 타파하고 민권을 신장하여 신성한 나라를 세우는 일은
이제 전 세계에서 누구도 거스를 수 없는 대세가 되었으니
대한의 동지들도 몸과 마음을 하나로 모아서
영원하고 아름다운 고국 땅에
장엄하고 신성한 국가를 세우는 길을 닦고 준비하자.

이로써 뭇 사람의 식은 피가 다시 용솟음을 하고, 깊은 잠이 번쩍 깨여 모든 사람들이 활기를 띠고, 약하고 괴로운 중생이 복음을 기다린다. 이때를 당하여 애국하는 정성과 군중을 모으는 소원이 서로 같은 마음이니 어찌 선후와 우열이 그 사이에 있겠는가. 그렇지만 어떤 사람은 자중을 표방하며 어떤 사람은 원수 일본이 야단스럽게 떠드는 소리를 염려해서 꺼리며 어떤 사람은 겸손한 덕성을 숭상하며 어떤 사람은 일부분을 각각 꾀함으로 인해서 여러 해 전부터 공식적 선언으로 대중에 대한 진정한 소망을 서로 돌아보는 것을 잊어버리고 말았다.

군중을 모으는 소원이 서로 같은 마음이니 우리 민족이 하나의 큰 단체로 모이는 것을 바란다는 뜻이다. 이것이 바로 애국하는 정성과 다를 바 없다는 것이다.

대중에 대한 진정한 소망 대중을 하나의 큰 단체로 모아서 '국가 상속' 즉, 새로운 나라를 세우는 길로 나서게 하는 일을 말한다. 해외 동지들이 대중을 새로운 나라를 만들기 위한 단체로 모으는 일을 잊어버리고 말았다고 한탄하고 있는 내용이다.

신성한 독립 국가를 세우기 위해서는
애국하는 정성과 군중을 모으는 소원은 모두 똑같이 필요하다.
그럼에도 우리 스스로 또는 일본의 방해로 인해
여러 해 전부터 대중을 하나의 큰 단체로 모으는
소망을 잊어버리고 말았다.

아, 슬프다. 우리가 오늘에 이르러 사방에 몰아닥치는 조수에 밀려 일편단심이 격발하여 참으려 해도 참을 수가 없고 주저할 여유는 더욱 없다. 이에 주권 상속의 대의와 대동단결의 문제를 제기하여 먼저 각계의 지혜롭고 사리에 밝은 여러분의 찬동을 구하며 이어 일반 국민의 각성을 재촉하며 그것으로 세계의 공론을 불러일으키고자 하니 일치단결은 새로운 한국의 광명이요 진리요 생명이다. 이를 떠나면 우리의 앞길은 암흑이요 거짓이요 죽음이니, 그러므로 나뉘거나 합하는 문제는 곧 죽음과 삶이 갈리는 길이요 시비의 빈말이 아니다. 우리의 단결이 하루가 일찍 되면 새로운 한국의 부활이 하루가 일찍 되고, 우리의 단결이 하루가 늦게 되면 새로운 한국의 건설이 하루가 늦게 되리니 이는 천리와 인정에 비추어 지극히 공정하고 사사로움이 없는 주장이다. 이로써 만천하 동지 여러분 앞에 선포하여 제안하니 이는 곧 하늘이 명령하신 것이니 사람이 그에 응해야 할 것이다.

주권 상속(主權相續)의 대의(大義) 1910년 순종 황제가 포기한 대한제국의 주권은 대한 국민이 계승하였으므로 마땅히 대한 국민이 대한을 통치할 특권이 있고 또한 대한을 계승하는 대통을 상속할 의무가 있다는 것을 말한다.

나뉘거나 합하는 문제는 곧 죽음과 삶이 갈리는 길이요 시비의 빈말이 아니다. 우리가 대동단결을 하느냐 못 하느냐의 문제는 옳은 일이냐 그른 일이냐를 따지는 문제에 그치는 것이 아니라 바로 죽느냐 아니면 사느냐의 문제로 연결된 것이므로 우리가 살기 위해서는 반드시 대동단결을 해야만 한다는 것이다.

대한의 국내외 동지들이 대동단결하는 일은
주권을 상속하여 새로운 한국을 건설하는 데 필요한
광명이요 진리요 생명이자 지극히 공평한 공론이요
따르지 않을 수 없는 하늘의 명령이다.

강령 제안

1. 해외 각지에서 현존하는 단체의 크거나 작거나 또 숨거나 드러난 자를 막론하여 규합·통일하여 오직 하나뿐인 최고의 기관을 조직할 것.
2. 중앙 총본부를 상당한 지점에 두고 모든 한민족을 통치하며 각 지부를 두어 관할 구역을 바르게 정할 것.
3. 대헌장을 제정하여 민정에 합한 법치를 실행할 것.
4. 독립과 평등의 신성한 권리를 주장하여 동화의 마귀와 자치의 용렬한 뿌리를 뽑아 버릴 것.
5. 나라의 내정을 세상에 공개하여 국민 외교를 실행할 것.
6. 영구히 통일적 유기체의 존립을 공고하게 만들기 위하여 동지 간에 애정을 수양할 것.
7. 위의 실행 방법은 이미 이루어진 각 단체의 대표와 덕망이 있는 개인의 회의로 결정할 것.

1917년(단군기원 4250년) 7월

신　정, 조용은, 신헌민, 박용만, 한　진, 홍　위, 박은식, 신채호, 윤세복, 조　욱, 박기준, 신　빈, 김　성, 이　일.

최고 기관 대한의 주권을 상속하는 새로운 국가와 정부를 말한다. 이는 곧 3·1운동 이후 대한민국과 그 임시 정부로 나타났다.

대헌장 새롭게 건설하는 국가의 헌법을 말한다. 대한민국 임시 정부는 1919년 4월 11일 '대한민국 임시 헌장'을 제정한 데 이어서 같은 해 9월 11일에는 '대한민국 임시 헌법'을 제정하였다.

통일적 유기체 새롭게 건설하는 국가 기구와 정부 기관을 말한다. 역시 3·1운동 이후 건립된 대한민국과 그 임시 정부가 이에 해당된다.

우리의 강령은 다음과 같다.
여러 독립운동 단체를 통합하여 새로운 나라와 그 정부를 조직하고
헌법을 제정하여 민주적 법치를 실행한다.
대한의 독립과 평등을 주장하여 일본의 동화와 자치를 물리친다.
나라의 재정을 공개하여 국민 외교를 실행한다.
동지애를 수양하여 정부 기구와 조직의 존립을 공고히 한다.
이를 실행하는 방법은 여러 단체의 대표와
덕망이 있는 개인 간의 회의를 통해서 결정한다.

2

대한 독립선언서

대한 독립선언서 [무오 독립선언서]

연월일	장소	선언 주체
1919년 2월	중국 길림	김교헌 등 39명

〈대한 독립선언서〉는 1919년 만주와 연해주를 중심으로 당시 해외에 나가 있던 민족 독립운동가 39명이 제1차 세계대전 종전에 맞추어 한국의 독립을 선언한 글이다. 선언서에 '단군기원 4252년 2월'이라고 적혀 있는데, 한때 이를 음력으로 알고 1918년인 무오년 말에 발표한 것으로 추정하여 '무오 독립선언서'라고 부르기도 하였다. 작성 일자는 선언서 끝에 적힌 대로 1919년 2월 무렵이다.

〈대한 독립선언서〉는 서론에서부터 우리 대한은 완전한 자주독립과 신성한 평등과 복리를 영원히 자손들에게 전해 주기 위해 일제 전제 정치의 학대와 억압을 벗고 '대한 민주의 자립'을 선포한다고 하였다. 이로써 대한 독립의 목적이 근대 민주주의 국가를 수립하는 데 있음을 분명히 밝힌 것이다. 그리고 일본이 강제로 체결한 '을사조약'과 '한일병합조약'이 하늘의 이치와 사람의 도리를 거스른 것이라고 비판하고, 제국주의 국가들의 침략을 철회하고 각

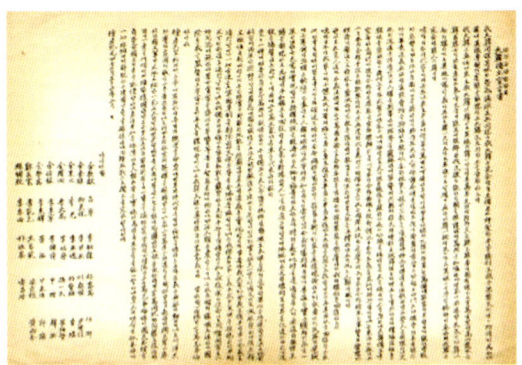
대한 독립선언서

국이 원래 상태를 회복함으로써 각국의 평화는 물론 아시아의 평화를 유지할 수 있다고 주장하였다.

〈대한 독립선언서〉는 독립의 이념과 목표를 확실하게 밝히고 있다. 군국주의와 전제주의를 없애고 민족 평등주의로 나아가고, 의롭지 못한 전쟁을 엄금하고 대동 평화를 선전하기 위한 것이 대한 독립의 목적이라 했고, 모든 동포를 균등히 대하고 세계 인류를 구제하는 것이 새로이 나라를 세우는 목표이며, 국제 사회의 불의를 감독하고 우주의 진선미를 눈에 보이게 나타내는 것이 대한 민족이 되살아나는 궁극적인 길이라고 했다.

끝으로 〈대한 독립선언서〉는 '육탄 혈전으로 독립을 완성하라'고 하여 무장 투쟁으로써만 일제를 몰아내고 완전한 독립을 이룩할 수 있다고 주장함으로써 독립 전쟁론을 확실하게 천명하였다.

대한 독립선언서

　우리 대한의 동족 남매와 세계 우방의 동포들이여. 우리 대한은 완전한 자주독립과 신성한 평등 복리를 우리 자손들에게 대대로 전해 주기 위해 지금 다른 민족의 전제 정치 학대와 억압을 벗고 우리 대한 민주의 자립을 선포한다.

　우리 대한은 예부터 우리 대한의 한국이며 다른 민족의 한국이 아니다. 반만년 동안 나라를 다스리는 일과 다른 나라와 관계를 맺는 일은 우리나라의 고유한 권한이요, 방방곡곡 높은 산과 아름다운 물은 우리나라의 공유 재산이다. 기골과 문화가 아시아와 유럽에서 빼어나고 뛰어난 우리 민족은 능히 자기 나라를 지켜 내며 모든 나라와 협력하여 세계와 함께 나아갈 민족이다. 우리나라 한 부분의 권리라도 다른 민족에게 양보할 뜻이 없으며 한 뼘의 땅이라도 다른 민족이 차지할 권한이 없으며 우리나라 한 사람의 백성이라도 다른 민족이 간섭할 조건이 없으니 우리 한국은 완전히 한국인의 한국이다.

우리 대한 민주의 자립을 선포한다. 우리 대한의 독립은 '완전한 자주독립과 신성한 평등 복리'의 실현을 통해 근대적 민주주의 정체의 국가를 수립하는 데 있음을 밝힌 것이다.

자주독립(自主獨立) 국가가 자주권을 행사하는 완전한 독립을 말한다. '자주독립'은 1894년 갑오개혁 이후 우리나라에서 가장 중요한 과제가 되었다.

평등 복리(平等福利) 모든 사람이 성별·신분·종교를 비롯해 어떤 이유로도 차별받지 않고 동등하게 생활면에서 만족감을 느낄 만한 이로운 일

우리 대한은 예부터 우리 대한의 한국이며 다른 민족의 한국이 아니다. 대한의 주권과 영토는 한민족 고유의 것이므로 다른 민족에게 내주거나 다른 민족이 빼앗을 수 없다고 밝힌 것이다.

우리 대한은 완전한 자주독립과
신성한 평등과 복리를 영원히 자손들에게 전해 주기 위해
일제의 학대와 억압을 벗고 대한 민주 정치의 자립을 선포한다.
대한의 주권과 영토와 국민은 다른 민족이 조금도 침해할 수 없으니
우리 대한은 완전히 한국인의 대한이다.

슬프다, 일본의 사악한 무사여. 1592년(임진년) 이래로 우리나라에 쌓아 놓은 악은 영원히 숨길 수 없을 것이며, 1894년(갑오년) 이후 대륙에서 지은 죄는 만국이 용납하지 않을 것이다. 전쟁을 즐기는 일본의 악습은 '스스로 보호한다'고 하거나 '스스로 지킨다'고 하는 구실을 만들더니 마침내 천리와 인도를 거스르는 '보호 합병'을 강제하였다. 자신의 맹세를 어기는 일본의 못된 버릇은 영토 보존이니 문호 개방이니 기회 균등이니 구실을 삼다가 마침내 의롭지 못하고 도리에 어긋난 조약을 강제로 맺었다.

1592년(임진년, 壬辰年) 조선 선조 25년에 일본이 조선을 침략하여 벌어진 전쟁인 임진왜란이 일어난 해이다.

1894년(갑오년, 甲午年) 1894년(고종 32년)에는 농민군의 동학 농민 전쟁, 일본군의 경복궁 침입, 개화파 정권의 갑오개혁, 청일전쟁 등 역사적으로 중요한 사건들이 발생하였다. 청일전쟁에서 승리한 일본은 이후 조선과 중국 대륙으로의 침략을 한층 강화하였다.

보호 합병(保護合倂) 일본이 대한제국 황제와 대신들을 협박하여 강제로 체결한 1905년 '을사조약'과 1910년 '한일병합조약'을 말한다.

1894년(갑오년) 이후 대륙에서 지은 죄 일본군이 우리 나라의 동학군과 일반 백성들을 학살한 데 이어서 요동 반도까지 점령하는 등 만주 대륙을 침략한 행위를 말한다.

일본이 우리나라를 강제로 '보호·합병' 한 것은
하늘의 이치와 사람의 도리를 거스른 나쁜 짓으로
누구도 용서할 수 없는 일이다.

일본의 요망한 정책은 감히 종교를 압박하여 신의 조화가 전달되는 것을 방해하였고, 학자를 제한하여 문화의 유통을 막고, 인권을 박탈하고 경제를 농락하며, 군대와 경찰의 무단 정치와 음흉한 이민 정책으로 한국인을 멸하고 일본인을 증식하려는 간흉을 실행하였다. 적극적이거나 소극적으로 한민족을 마멸시킨 것이 얼마인가. 십 년간 무단 정치의 작폐가 이렇게 극단에 이르렀으므로 하늘이 그들의 추악한 행실을 싫어하시어 우리에게 좋은 기회를 주시니 천리를 따르며 인도에 응하여 대한 독립을 선포하는 동시에 일본이 병합했던 죄악을 널리 알려 징벌하련다.

무단 정치(武斷政治) 군대와 헌병 경찰 등 무력을 앞세워 행하는 강압적인 정치. 흔히 1910년 한일병합조약 이후 1919년 삼일운동 이전까지 일제가 한국인을 억누르기 위해 펼친 정책을 '무단 정치' 또는 '무단 통치'라고 말한다.

음흉한 이민 정책 갖가지 나쁜 방법으로 우리나라 사람들 땅을 빼앗아서 일본 사람들에게 싼값에 나눠 주기, 조선에 와서 사업을 할 수 있도록 일본인들에게 돈을 빌려주기, 일본 아이들이 다니는 학교를 잘 만들어 주기처럼 일본인들한테 유리한 정책으로 일본인들이 조선으로 이민을 많이 오게 만들었다. 그만큼 한국인들은 땅과 재산을 빼앗기고 쫓겨났다.

하늘의 이치와 사람의 도리에 맞게
대한 독립을 선포하는 동시에
이로써 일본의 죄악을 징벌하련다.

첫째, 일본이 한국을 병합한 동기는 그들의 소위 범일본주의를 아시아에 제멋대로 행하려고 한 것이니 이는 동양의 적이다. 둘째, 일본이 한국을 병합한 수단은 사기와 협박, 불법과 무도, 폭행과 무력을 두루 갖춘 것이니 이는 국제 법규를 어긴 악마이다. 셋째, 일본이 한국을 병합한 결과 군경의 야만적 권력과 경제의 압박으로 종족을 마멸시키고, 종교를 강박하고 교육을 제한하여 세계 문화를 해쳤으니 이는 인류의 적이다.

　　이런 까닭으로 하늘의 뜻인 인도주의와 정의로운 법의 이치에 비추어 만국을 증거로 내세워 병합 무효를 널리 선언하여 일본의 죄악을 응징하며 우리의 권리를 회복하노라.

범일본주의(汎日本主義) 아시아는 정치적, 경제적, 문화적으로 일본을 중심으로 하나가 되어서 서양에 맞서야 한다는 주장을 말한다.

인도주의(人道主義) 모든 사람이 인종이나 계급의 차별 없이 행복하고 평화롭게 살자는 사상이다.

정의(正義) 사람으로서 지켜야 할 공정하고 올바른 도리. '정의'와 '인도주의'라는 말은 각종 독립선언서에 자주 등장하는 개념이다. 따라서 정의와 인도주의는 한국 독립운동의 기본 이념의 하나라고 할 수 있다.

> 한국을 병합한 일본은 동양의 적이고,
> 국제 법규를 어긴 악마이며 인류의 적이다.
> 만국 앞에 인도주의와 정의의 이름으로 병합의 무효를 선언하고
> 일본의 죄악을 응징하며 우리의 권리를 회복할 것이다.

슬프다, 일본의 사악한 무사여. 작은 잘못으로 징벌을 받음으로써 큰 잘못으로 나아가지 않도록 하는 것이 너희의 복이니 섬은 섬으로 돌아가고 반도는 반도로 돌아가며 대륙은 대륙으로 돌아가도록 하라. 각기 원상을 회복함은 아시아 대륙의 행복인 동시에 너희에게도 다행이다. 그럼에도 사리에 어두워 깨닫지 못한다면 모든 화근이 너희에게 있는 것이니, 옛것을 회복하면 저절로 새로워지는 이익을 거듭 깨우쳐 주노라. 한번 보아라. 민중에게 마귀 같은 도적이던 전제와 강권은 그 남은 불꽃이 이미 다하였고 인류에게 주어진 평등과 평화는 밝은 해가 창공을 비추는 듯하다. 공정한 심판과 자유의 보편은 실로 오랜 세월의 나쁜 액을 한 번에 씻어내고자 하는 하늘의 뜻이 실현된 것이자 약소국과 미약한 민족을 구제하는 대지의 복음이다.

전제(專制) 국가의 모든 권력을 개인이 쥐고, 개인의 의사에 따라 정치를 한다는 뜻으로 전제주의 또는 전제 정치를 줄여 말한 것이다. 독재 정치다.

강권(强權) 무력으로 억압하여 행사하는 권력을 뜻하는데, 침략주의 또는 제국주의, 독재주의 특징을 말한 것이다.

평등(平等) 차별이 없이 동등하다는 뜻이며, 위에 있는 '전제'의 반대 개념으로 사용하였다.

평화(平和) 전쟁이 없이 세상이 평온하다는 뜻인데, 위에 있는 '강권'의 반대 개념으로 사용하였다.

공정(公正) 공평하고 올바르다는 뜻으로, 여기서는 '전제와 강권'이 없는 상태를 말한다.

자유(自由) 남에게 얽매이거나 구속받지 않는 상태를 뜻하는데, 여기서는 '평등하고 평화로운' 상태를 말한다.

일본은 일본으로 돌아가는 것이 화를 면하는 길이다.
이제 강권의 시대는 지나가고 평등과 평화의 시대가 밝아 오며
공정하고 자유로운 하늘의 뜻이 약소민족을 구제할 것이다.

크구나, 시대의 의로움이여. 이때를 만난 우리들이 도리에 벗어난 강권의 속박을 벗고 광명한 평화와 독립을 회복하는 것은 하늘의 뜻을 떨치며 인심에 순응하고자 함이며 지구에 발붙인 권리로 세계를 개조하여 대동 세상을 건설하는 데 찬성하여 협력하기 위한 까닭이다. 이에 2천만 대중의 충심을 대표하여 감히 하느님께 밝혀 아뢰며 세계만방에 고한다. 우리 독립은 하늘과 사람이 합치하여 응하는 순수한 동기에 따라 민족 스스로 지킨다는 정당한 권리를 행사하는 것이지 결코 눈앞의 이해에 따른 우연한 충동이 아니며 은혜와 원한에 얽매인 감정으로 문명하지 못한 보복 수단에 스스로 만족하는 것이 아니다. 실로 오랫동안 한결같은 국민의 지극한 정성이 격발하여 저들 이민족 무리로 하여금 스스로 깨달아 새로워지게 하는 것이며 우리의 결실은 야비한 정치 궤도를 초월하여 진정한 도의를 실현하는 것이다.

의로움 의리(義理)가 있음

세계 개조(世界改造) 세계를 고치어 다시 만든다는 뜻인데, 1918년 말 1차 세계대전이 끝난 당시는 세계정세의 개편이 예고되면서 '세계 개조' 기운이 고조되던 때였다.

대동(大同) 천하가 번영하여 화평하게 지냄

야비한 정치 앞에서 말한 바 있는 전제 정치, 무단 정치, 강권 정치 등을 말한 것이다.

도의(道義) 사람이 마땅히 행해야 할 도리와 의로운 일

<u>우리 대한이 독립하는 목적은
도리에 벗어난 강권의 속박을 벗어나 평화 세계를 만들어
대동 세상을 건설하고 민족 스스로를 지켜 내며
세상을 새롭게 함으로써 진정한 도의를 실현하는 데 있다.</u>

아아, 우리 대중이여. 공정한 도의에 의지해서 독립한 자는 공정한 도의로 앞으로 나아가라. 모든 방법으로 군국주의와 전제주의를 없애고 민족 평등주의를 지구 전역에 널리 시행할 것이니 이것이야말로 우리 독립의 근본이 되는 첫째 의의이다. 무력으로 다른 나라를 병합하는 것을 근절하여 천하를 차등 없이 고르게 대하는 공정한 도리로 진행할 것이니 이는 우리 독립의 본령이다. 몰래 맹약하고 사사로이 전쟁하는 것을 엄금하고 대동 평화를 선전할 것이니 이는 나라를 되찾으려는 우리의 사명이다. 모든 동포에게 동등한 권리와 많은 재산을 베풀어 남자와 여자, 가난한 자와 부유한 자를 균등하게 대하고, 뛰어나거나 모자라거나 나이가 많거나 적거나 모두를 똑같이 고르게 하면서 어질고 오래 살도록 하여 세계 인류를 구제할 것이니 이는 우리가 나라를 세우며 드는 깃발이다. 나아가 나라와 나라 사이의 도리에 어긋남을 감독하고 우주의 참된 것, 착한 것, 아름다운 것을 직접 경험할 것이니 이는 우리 대한 민족이 때에 맞추어 부활하는 궁극의 의리이다.

군국주의(軍國主義) 정치·경제·교육 등 모든 조직을 전쟁을 위해 활용하며 군사력에 의하여 국가의 발전을 이루려는 주의. 보통 일본 제국주의의 특징을 말할 때 사용하는 개념이다.

대동 평화(大同平和) 차별과 착취가 없는 자유·평등을 지향하는 대동사상에 입각한 세계 평화를 말한다. 독립의 사명이 우리 민족뿐만 아니라 온 인류를 대동 세계로 인도하는 데 있음을 밝힌 것이다.

모두를 똑같이 고르게 하면서 어질고 오래 살도록 하여 세계 인류를 구제할 것이니 독립국을 건설하는 목적이 우리 민족과 온 인류를 정치·경제·사회적으로 자유롭고 평등한 대동 사회로 이끄는 데 있음을 밝힌 것이다.

군국주의와 전제주의를 없애고 민족 평등주의로 나아가고,
무력 병합을 근절하고 차등 없는 세상을 만들고,
의롭지 못한 전쟁을 엄금하고 대동 평화를 선전하기 위한 것이
우리 대한이 독립을 하는 근본 목적이다.
또한 동등한 권리와 많은 재산으로 모든 동포를 균등히 대하고
세계 인류를 모두 어질고 오래 살도록 하여 구제하는 것은
우리 대한이 나라를 세우는 목표이다.
국제 사회의 불의를 감독하고 우주의 진선미를 체현하는 것이
우리 대한 민족이 부활하는 궁극적인 의리이다.

아아, 한마음 한뜻의 2천만 형제자매여. 우리 단군 할아버지께서 상제에 좌우하여 우리의 기운을 명하시며 세계와 시대가 우리의 복리를 돕는구나. 정의는 무적의 검이니 이로써 하늘을 거스르는 마귀와 나라를 도적질한 역적을 한 손에 무찔러 없애라. 이로써 4천 년 조상의 빛나는 명예를 세상에 드날릴 것이며 이로써 2천만 자손의 운명을 개척할 것이다. 일어나라, 독립군아. 완비하라, 독립군아. 세상에서 한 번 죽음은 사람이 피할 수 없는 바이니 개돼지와 같은 일생을 누가 구차히 도모하려는가. 살신성인하면 2천만 동포가 한 몸으로 부활할 것이니 어찌 자기 한 몸을 아까워하랴. 집안의 힘을 기울여 나라를 회복한다면 3천 리 옥토가 모두 자기 집의 소유가 될 것이니 한집안을 희생하라.

단군(檀君) 단군왕검. 우리 민족이 시조로 받드는 최초의 임금으로 기원전 2333년에 단군 조선을 건국하였다고 한다.

일어나라, 독립군아. 완비하라, 독립군아. 독립군으로 일어나서 독립 전쟁에 나갈 마음과 무기를 단단히 완전하게 준비하자는 뜻이다.

살신성인(殺身成仁) 자기 목숨을 희생해서 옳은 일을 이룬다는 뜻으로 죽음을 두려워하지 말고 독립운동에 나서자는 뜻이다.

우리 대한의 2,000만 형제자매여.
단군과 상제의 뜻으로
세계와 시대가 우리의 복리를 도울 것이니
정의의 검으로 천리를 거스른 일제와
나라를 도적질한 역적을 처단하라.
독립군이여, 일어나서 완비하라.
살신성인하여 2,000만 동포를 부활시켜라.

아아, 한마음 한뜻의 2천만 형제자매여! 국민으로서의 본령을 자각한 독립임을 기억할 것이며, 동양 평화를 보장하고 인류 평등을 실현하기 위한 자립임을 명심할 것이며, 하늘의 밝은 뜻을 받들어 모든 사악한 포위망을 벗어 버리는 건국임을 확신하여 육탄 혈전으로 독립을 완성할지어다.

단군기원 4252년 2월

(가나다순)

김교헌, 김규식, 김동삼, 김약연, 김좌진, 김학만, 정재관, 조용은, 여 준, 유동열, 이 광, 이대위, 이동녕, 이동휘, 이범윤, 이봉우, 이상룡, 이세영, 이승만, 이시영, 이종탁, 이 탁, 문창범, 박성태, 박용만, 박은식, 박찬익, 손일민, 신 정, 신채호, 안정근, 안창호, 임 방, 윤세복, 조 욱, 최병학, 한 흥, 허 혁, 황상규.

동양 평화를 보장하고 인류 평등을 실현하기 위한 자립 우리나라가 자주독립을 해야 동양 평화를 보장할 수 있고, 이것이 인류가 평등하게 살아갈 수 있는 길이라는 뜻이다. 우리나라가 자주독립을 하지 못하면 일본이 중국을 비롯한 동양 각국을 침략하는 전쟁을 벌일 것이라는 안중근 의사 경고를 이어받는 주장이다. 제2차 세계대전을 경고하는 말이 되었다.

모든 사악한 포위망을 벗어 버리는 건국임을 확신하여 육탄 혈전으로 독립을 완성할지어다. 우리의 운동은 대한의 주권과 영토를 계승한 국민으로서 자각한 독립인 것이며 세계 평화와 인류 평등을 실현하기 위한 자립인 것이며 하늘의 명을 받은 건국인 것임을 확신하고 육체를 탄환 삼아 생사를 가리지 않는 무장 투쟁으로 독립을 완성할 것을 주문하고 있는 것이다.

2,000만 형제자매여,
국민의 본령을 자각한 독립임을 기억하고,
동양 평화와 인류 평등을 실현하는 자립임을 명심하고,
사악한 속박에서 벗어나는 건국임을 확신하여
육탄 혈전으로 독립을 완성하라.

3

3·1 독립선언서

3·1 독립선언서

연월일	장소	선언 주체
1919년 3월 1일	서울	조선 민족 대표 33명

　1919년 3월 1일, 민족 대표 33명이 서울 인사동 태화관에서 한국의 독립을 선언한 독립선언서이다. 〈기미 독립선언서〉, 〈3·1 독립선언서〉라고도 한다. 이 선언서는 내용상 박력이 넘치고 감명적일 뿐 아니라 논리도 정연하여 독립운동사에서 가장 뛰어난 선언서로 평가되고 있다.

　〈3·1 독립선언서〉는 인류 양심에 입각하여 당시 우리 민족의 강렬한 독립 의지를 세계만방에 천명한 것이다. 선언서에서 3·1운동의 지도 이념을 나타내고, 독립의 절실한 필요성을 호소함으로써 독립운동이 전국으로 파급되는 데 도화선 역할을 했다. 이런 점에서 독립선언서 자체가 3·1운동을 상징한다.

　선언서는 처음부터 인류의 평등과 민족의 자존이라는 대의를 위하여 조선이 독립국임과 조선 사람이 자주민임을 분명히 하였다. 전체적인 내용에는 민족의 독립을 강하게 주장하지만 결코 배

3·1 독립선언서

타적인 방향으로 흐르지 않고 포용과 공존의 정신을 바탕으로 하고 있다는 점에서 대단히 중요한 의미를 가진다. 우리 민족의 독립은 다만 우리 민족을 위해서만이 아니라 동양의 평화, 나아가 세계 평화와 인류의 행복을 위해서도 필수적이라고 하였다.

선언서 전체 내용을 함축적으로 요약한 '공약 삼장'은 3·1운동의 상징적인 행동 강령이 되었다. 특히 "최후의 한 사람까지 최후의 한 순간까지 민족의 정당한 의사를 시원스럽게 발표하라."는 내용은 독립을 열망하는 우리 민족의 강렬한 의지를 매우 핵심적으로 표현한 것이었다. 그래서 이 내용은 이후 발표되는 많은 독립선언서에서 거의 빠짐없이 인용되었다.

3·1 독립선언서

　우리는 여기에 우리 조선이 독립국이며 조선 사람이 자주민임을 선언하노라. 이로써 세계 모든 나라에 알리어 인류가 평등하다는 대의를 분명히 하며, 이로써 자손만대에 전하여 민족의 자립과 생존의 정당한 권리를 영원히 누리도록 하노라.

　반만년 역사의 권위에 의지하여 이를 선언하며, 2천만 민중의 정성을 모아서 이를 두루 밝히며, 민족의 영원히 한결같은 자유와 발전을 위하여 이를 주장하며, 인류 양심의 발로로 일어난 세계 개조의 큰 기운에 발맞추어 함께 나아가기 위하여 이를 제기하니, 이는 하늘의 명령이며 시대의 대세이며 모든 인류가 함께 생존하며 같이 살아가자는 권리의 정당한 발동이기에 천하의 어떤 힘이라도 이를 막거나 억누르지 못할 것이다.

우리는 여기에 우리 조선이 독립국이며 조선 사람이 자주민임을 선언하노라.
민족의 자립과 생존 그리고 인류의 평등이라는 대의를 위하여 조선의 독립국(獨立國)임과 조선인의 자주민(自主民)임을 선언한다는 뜻이다. 누구의 승인이나 인정과는 관계없이 스스로 자명한 사실로서 '조선이 독립국이며 조선인이 자주민인 것'을 공표한 것이다.

반만년 역사의 권위에 의지하여 이를 선언하며, 이천만 민중의 정성을 모아서 이를 두루 밝히며 민족의 독립은 민족의 고유한 양심과 힘에 의해 이루어졌으며 이는 과거에도, 현재에도, 미래에도 영원하다는 점을 밝힌 것이다.

인류 양심의 발로로 일어난 세계 개조의 큰 기운 대표적으로 1911년 중국의 신해혁명, 1917년의 러시아 혁명, 1918년 독일 바이마르 공화국 혁명, 제1차 세계대전의 종전 등의 사건을 말한다. 이들 혁명으로 전제 정치가 무너지고 공화 정치가 들어서는 것이 세계적인 추세가 되었다.

> 우리는 조선이 독립국이며
> 조선 사람이 자주민인 것을 선언한다.
> 이는 인류의 평등과 민족의 자립과 생존을 위한
> 정당한 권리이자 하늘의 명령이고 시대의 대세이므로
> 세상의 어떤 힘도 이를 막거나 억누를 수 없다.

낡은 시대의 유물인 침략주의와 강권주의에 희생이 되어 유사 이래 수천 년 만에 처음으로 다른 민족에게 억눌려 뼈아픈 고통을 겪은 지 이미 십 년이 지났다. 그동안 우리의 생존권을 빼앗겨 잃은 것이 그 얼마이며, 정신상 발전에 장애를 겪은 것이 그 얼마이며, 민족의 존엄과 영예에 손상을 입은 것이 그 얼마이며, 참신한 예리함과 독창력으로 세계 문화의 큰 물결에 이바지하고 보탤 기회를 잃은 것이 무릇 얼마인가?

낡은 시대의 유물인 침략주의와 강권주의 19세기 중엽부터 전 세계적으로 유행했던 제국주의의 특징인 침략주의와 강권주의가 제1차 세계대전 종전 직후 평화주의가 대세였던 당시에는 낡은 시대의 유물처럼 되어 버렸다고 말한 것이다.

일본 제국주의의 침략과 강권으로 인해
우리 민족은 생존권과 정신과 명예가 크게 훼손당했으며
세계 문화의 발전에 기여할 기회마저 잃어버렸다.

슬프다! 오랜 억울함을 떨치고 일어나려면, 현재의 고통을 헤쳐 벗어나려면, 장래의 위협을 없애려면, 민족의 양심과 국가의 체면과 도리가 오그라들고 사그라진 것을 다시 일으켜 펼치려면, 사람마다 제 인격을 정당하게 발전시키려면, 가엾은 아들딸들에게 괴롭고 부끄러운 유산을 물려주지 않으려면, 자자손손에게 영원하고 완전한 행복을 안겨 주려면, 가장 크고 급한 일이 바로 민족의 독립을 확실하게 하는 것이다. 2천만 각자가 사람마다 마음속에 칼을 품고, 인류 공통의 본성과 시대의 양심이 정의의 군사가 되고 인도주의의 창과 방패가 되어 우리를 지켜 주는 오늘날, 우리가 나아가서 얻어 취하는 데 있어 어느 강도인들 꺾지 못하고 물러서서 일을 꾀하는 데 있어 무슨 뜻인들 펴지 못하랴!

이천만 각자가 사람마다 마음속에 칼을 품고, 인류 공통의 본성과 시대의 양심이 정의의 군사가 되고 인도주의의 창과 방패가 되어 우리를 지켜 주는 오늘날 안으로는 2천만 민족 모두가 마음속에 독립 투쟁을 위한 칼을 품고, 밖으로는 인류의 본성과 새로운 시대 양심이 정의로운 군사가 되고 인도주의의 창과 방패가 되어서 우리 민족의 독립을 지켜 줄 것이라는 뜻이다.

정의(正義) 공정하고 올바른 도리라는 뜻인데, 앞에서 말한 침략주의와 강권주의를 물리치는 이념으로 제시되었다.

인도주의(人道主義) 모든 사람이 인종이나 계급의 차별 없이 행복하고 평화롭게 살자는 사상. 정의와 인도주의는 한국 독립운동에서 중요한 기본 이념들 가운데 하나였다.

일제의 침략과 강권으로 인한 고통에서 벗어나기 위한
우리 민족의 독립은 인류의 정의와 인도주의가 지켜 줄 것이므로
그 어느 누구도 꺾을 수 없으며 가로막지 못할 것이다.

병자수호조약 이후 때때로 굳게 맺은 갖가지 약속을 배반하였다고 하여 일본의 배신을 죄주려는 것이 아니다. 학자는 강단에서 정치인은 실제에서, 우리 조상 때부터 물려받은 이 터전을 식민지로 삼고 우리 문화 민족을 야만인처럼 대우하여 한갓 정복자의 쾌감을 탐낼 뿐이요 우리의 오랜 사회 기초와 뛰어난 민족 성품을 무시한다고 해서 일본의 도리가 부족한 것을 꾸짖으려는 것도 아니다. 스스로를 채찍질하고 격려하기에 바쁜 우리는 남을 원망할 겨를이 없다. 현재를 준비하기에 급한 우리는 묵은 옛일의 잘못을 따져 볼 겨를도 없다.

병자수호조약(丙子修好條約) 1876년 우리나라가 일본과 맺은 통상 조약으로 정식 이름은 '조일수호조규'이다. 우리나라가 외국과 맺은 최초의 근대적 조약이지만 일본에게 일방적으로 유리한 불평등 조약이었다. 제1조에는 "조선은 자주의 나라이며 일본과 평등한 권리를 가진다."라고 하였으나 이후 일본은 우리나라의 자주권을 크게 침탈함으로써 이 약속을 어겼다.

일본의 배신을 죄주려는 것이 아니다. 3·1 독립선언서에서 민족의 독립 의식이 배타적 의식에 기초하지 않고 용서와 화해, 포용과 공존이 함께하는 숭고한 정신임을 보여 주는 대목이다.

오늘 독립을 선언한 우리 민족의 임무는
다만 일본을 벌주려는 것이 아니라,
스스로를 격려하여 분발시켜서
현재 우리 본연의 사명을 다하려는 것이다.

오늘 우리에게 주어진 임무는 오직 자기 건설이 있을 뿐이지, 결코 남을 파괴하는 데 있는 것이 아니다. 엄숙한 양심의 명령으로 자기의 새로운 운명을 개척하고자 할 뿐이지, 결코 묵은 원한과 일시적 감정으로 남을 시샘하여 쫓아내고 물리치려는 것이 아니로다. 낡은 사상과 낡은 세력에 얽매여 있는 일본 정치가들의 공명심에 희생이 되어 만들어진 부자연스럽고 불합리한 이 잘못된 현실을 고쳐 바로잡아, 자연스럽고 합리적이며 올바르고 떳떳한 큰 근본이 되는 길로 돌아오게 하려는 것이다.

자연스럽고 합리적이며 올바르고 떳떳한 큰 근본이 되는 길 '침략주의와 강권주의'를 무너뜨린 '정의'와 '인도주의'를 가리킨 것이다.

오늘 독립을 선언한 우리 민족의 임무는
우리의 새로운 운명을 개척하고 건설하며
동시에 일본의 잘못을 바로잡아
합리적이고 올바른 세계로 돌아오도록 만들려는 것이다.

당초 우리 민족의 요구에서 나온 것이 아닌 두 나라의 '병합'의 결과가 마침내 임시방편의 위압과 민족 차별의 불평등과 거짓의 통계 숫자에 의하여, 서로 이해가 다른 두 민족 사이에 영원히 화해할 수 없는 원한의 구덩이를 더욱 깊게 만들고 있는 오늘날의 실정을 보아라! 용감하고 현명하게 그리고 과감하게 과거의 잘못을 뜯어고치고, 참된 이해와 동정에 기초한 우호적인 새로운 관계를 만드는 것이 서로 간에 화를 쫓고 복을 불러들이는 지름길인 줄을 명백하게 알아야 할 것이 아니냐!

당초 처음부터라는 뜻이다.

병합(併合) 둘 이상의 나라가 하나로 합쳐짐. 1910년 8월 22일 조인된 '한일병합조약'을 통해서 일본이 우리나라를 강제로 병합한 것을 말한다.

우호적인 새로운 관계를 만드는 것이 서로 간에 화를 쫓고 복을 불러들이는 지름길인 줄을 명백하게 알아야 할 것이 아니냐! 우리 민족의 독립이 일본을 배타적으로 대하여 갈등을 심화하는 데 목적을 둔 것이 아니라 일본과의 평화로운 공존을 지향하고 있다는 점을 보여 주는 대목이다.

'한일병합조약'은 우리 민족의 요구로 이루어진 것이 아니다.
그 조약으로 두 민족 사이에는 원한이 더욱더 깊어지고 있다.
이제 원한 맺힌 과거의 잘못을 뜯어고치고
새롭게 우호적인 관계를 만드는 일이
두 민족 사이에 화를 쫓아내고 복을 불러들이는 지름길이다.

또한 울분과 원한이 쌓이고 쌓인 2천만 민족을 폭력으로 구속하는 것은 오직 동양의 영구한 평화를 보장하는 길이 아니노라. 뿐만 아니라, 이로 인하여 동양의 안전과 위태함을 좌우하는 4억 중국인들은 일본에 대한 두려움과 시기가 갈수록 짙어지노라. 그 결과 동양의 전체 형편은 함께 넘어져 같이 망하는 비참한 운명이 될 것이 분명하니, 오늘 우리 조선의 독립은 조선 사람으로 하여금 정당한 생존과 번영을 이루게 하는 동시에 일본으로 하여금 그릇된 길에서 벗어나 동양을 버티고 나갈 자로서의 중대한 책임을 다하게 하는 것이며, 중국으로 하여금 꿈에도 피하지 못할 불안과 공포로부터 벗어나게 하는 것이며, 또한 동양의 평화가 중요한 일부가 되는 세계 평화와 인류 행복에 꼭 있어야 할 단계가 되게 하는 것이라. 이것이 어찌 사소한 감정상의 문제이겠느냐!

동양 평화, 세계 평화, 인류 행복 조선의 독립운동이 포용의 정신을 발휘한 것임을 보여 주는 대목이다. 조선의 독립은 조선에 이로운 일일 뿐만 아니라 동양의 평화와 세계 평화에까지도 도움이 되는 정의로운 일이라는 뜻이다.

일본이 우리 민족을 폭력으로 구속하는 것은
동양 평화를 해치고 동양 전체를 비참한 운명에 빠뜨릴 것이다.
우리나라의 독립은 우리가 정당한 생존과 번영을 이루게 하고
동시에 일본이 동양에 대한 책임을 온전히 다하게 하며,
중국이 일본에 대한 불안과 공포에서 벗어나게 할 것이다.
때문에 우리나라의 독립은 동양의 평화는 물론이고
세계 평화와 인류 행복을 위해서라도 꼭 필요하다.

아! 새로운 세상이 눈앞에 펼쳐지누나. 힘의 시대가 가고 도의의 시대가 오누나. 과거 한 세기 동안 갈고 닦으며 키우고 기른 인도적 정신이 이제 막 새로운 문명의 밝은 빛을 온 인류 역사에 비추기 시작하누나! 새봄이 온 세계에 돌아와 만물의 소생을 재촉하누나. 얼음과 찬 눈 때문에 숨도 제대로 쉬지 못한 것이 과거 시대의 형세라면 온화한 바람과 따뜻한 햇볕에 혈기와 맥박을 떨쳐 펴는 것은 지금 시대의 형세이니, 하늘과 땅의 기운이 다시 회복되는 때에 새롭게 변하는 시대의 조류를 탄 우리는 아무 주저할 것도 없으며 아무 거리낄 것도 없도다. 우리가 본래부터 지녀 온 자유권을 지키고 온전히 하여 생명의 왕성한 즐거움을 마음껏 누릴 것이며, 우리가 넉넉히 지닌 독창력을 발휘하여 봄기운이 가득한 온 누리에 민족의 우수함을 찬란히 꽃피우리라.

아! 새로운 세상이 눈앞에 펼쳐지누나. 조선의 독립은 인류의 뜻으로 시세에 부합되는 것인 동시에 하늘의 뜻과 자연의 뜻에 일치된다고 말한 것이다. 이렇게 말함으로써 하늘, 땅, 사람의 뜻이 서로 일치한 조선의 독립은 누구도 주저하거나 거리낄 것 없는 필연적인 당위성을 갖는다고 강조한 것이다.

힘의 시대 침략주의와 강권주의 시대를 말한다.

도의(道義)의 시대 정의와 인도주의 시대를 말한다.

자유권(自由權) 남에게 억눌림을 받지 않고 자유롭게 살 수 있는 권리로 세계적으로 근대 헌법에서 보장된 기본권이다.

<u>이제 인도주의라는 새로운 시대 조류를 탄 우리는
어떤 방해도 받지 않고 민족의 자유권을 지키며
민족의 우수성을 전 세계에 찬란히 꽃피울 것이다.</u>

우리는 그래서 떨쳐 일어났노라. 양심이 우리와 함께 있고 진리가 우리와 함께 나아가나니, 남녀노소 할 것 없이 어둡고 답답한 옛집에서 힘차게 뛰쳐나와 삼라만상과 더불어 기쁘고 유쾌한 부활을 이룩하게 되누나. 억만대 조상님들의 신령이 우리를 안에서 돕고 온 세계의 기운이 우리를 밖에서 보호하나니 시작이 곧 성공이라. 다만 저 앞의 밝은 빛을 따라 힘차게 곧장 나아갈 따름이로다.

양심이 우리와 함께 있고 진리가 우리와 함께 나아가나니 앞에서 이 시대의 양심은 침략주의와 강권주의를 물리치는 정의와 인도주의라고 하였다. 따라서 이 시대에는 정의와 인도주의가 진리로서 우리 민족이 마땅히 나아가야 할 길이라는 것이다.

우리 민족은 언제나
인류의 양심과 세계의 진리와 함께하니
안으로는 조상님들이 돕고
밖으로는 세계의 기운이 보호할 것이므로
오직 밝은 빛을 따라 힘차게 나아가자.

공약 삼장

하나. 오늘 우리의 이번 거사는 정의와 인도주의 그리고 생존과 영광을 위한 민족적 요구이니 오직 자유의 정신을 발휘할 것이요, 결코 배타적인 감정으로 치닫지 말라.

하나. 최후의 한 사람까지 최후의 한 순간까지 민족의 정당한 의사를 시원스럽게 발표하라.

하나. 모든 행동은 질서를 가장 존중하여 우리의 주장과 태도를 어디까지나 광명정대하게 하라.

조선 건국 4252년 3월 1일

조선 민족 대표
손병희, 길선주, 이필주, 백용성, 김완규, 김병조, 김창준, 권동진, 권병덕, 나용환, 나인협, 양전백, 양한묵, 유여대, 이갑성, 이명룡, 이승훈, 이종훈, 이종일, 임예환, 박준승, 박희도, 박동완, 신홍식, 신석구, 오세창, 오화영, 정춘수, 최성모, 최 린, 한용운, 홍병기, 홍기조.

배타적인 감정으로 치닫지 말라. 일본에 대해 배타적인 감정만을 가지고 대하지 말고, 오직 정의와 인도주의의 가치를 기준으로 대항할 것을 요구한 것이다.

배타(排他) 남이나 다른 생각 따위를 배척함

최후의 한 사람까지 최후의 한 순간까지 '조선이 독립국인 것과 조선 사람이 자주민인 것'은 당연한 사실이므로 일제의 총칼 앞에서도 꺾이지 말고 최후의 한 사람까지 최후의 한 순간까지 굳세게 지켜 나가야 할 근본 가치라는 점을 강조한 것이다.

광명정대(光明正大) 언행이 밝고 바르며 당당함

우리의 독립 선언은
정의와 인도주의와 생존과 번영을 위한 민족적 요구이다.
자유의 정신을 발휘하고 배타적 감정만으로 치닫지 말라.
최후의 한 사람까지 민족의 정당한 권리를 시원스럽게 주장하고,
모든 행동은 질서를 존중하면서
우리의 주장을 항상 광명정대하게 하라.

府 政 時 臨
影攝念紀同
日一十月十年

4

大韓民國
在上海
大韓民國職

대한 민족 대표 독립선언서

대한민국 원년 3월 1일에 이미 우리 민족의 자유민임을 선언하고 이에 따라 금년 4월 10일에 대한민국 임시 의정원과 임시 국무원이 성립되니, 이에 우리 민족은 우리 민족의 일치된 의사와 희망에서 나온 대한민국의 국민이 된지라. 일본이 아직 무력으로 우리 삼천리의 국토를 점령하고 있지만 이는 벨기에의 국토가 일찍이 독일의 무력하에 점령되었음과 같은지라. 우리 민족은 대한민국의 국민이요, 우리 민족을 통치하는 자는 대한민국의 임시 정부니, 우리 민족은 영원히 다시 일본의 지배를 받지 아니할지라. 일본이 무력으로 우리 민족을 포로로 함은 가능하려니와 한순간이라도 우리 민족을 일본의 신하와 백성으로 삼지 못할 것이다. 따라서 우리 민족은 지금토록 강제로 당해 오던 일본 국가에 대한 모든 의무를 폐기하고 일본 정부에 대하여 조선총독부와 그에 소속된 모든 관청과 육해군을 철거하고 우리 대한민국의 완전한 독립을 확인하기를 요구하노라.

_ 대한 민족 대표 독립선언서

대한 민족 대표 독립선언서

연월일	장소	선언 주체
1919년 10월 31일	중국 상해	박은식 등 대한 민족 대표 30명

　1919년 10월 31일 중국 상해에서 박은식 등 대한 민족 대표 30명 이름으로 선포한 독립선언서이다. 이 선언서는 박은식이 기초하였는데, 선언문과 공약 3장으로 되어 있다.

　1919년 4월 11일 수립된 대한민국 상해 임시 정부는 같은 해 9월 11일에 이전부터 러시아 블라디보스토크에 있던 대한국민의회와 통합하였다. 이로써 대한민국 통합 임시 정부가 출범한 것이다. 당시 독립운동가들이 이를 기념하여 발표한 것이 바로 여기에 소개하는 〈대한 민족 대표 독립선언서〉이다. 때문에 이 선언서를 〈3·1 독립선언서〉에 이은 제2의 독립선언서라고도 한다.

　선언서 내용상 중요한 특징으로는 우리 민족은 1919년 3·1운동으로 말미암아 '대한민국의 국민'이 되었다고 일본과 세계 만국에 선언한 점이다. 따라서 이제 우리 민족은 '대한민국의 임시 정부'가 통치하므로 일본에 대한 모든 의무를 폐기하고 우리 땅에 있는 일

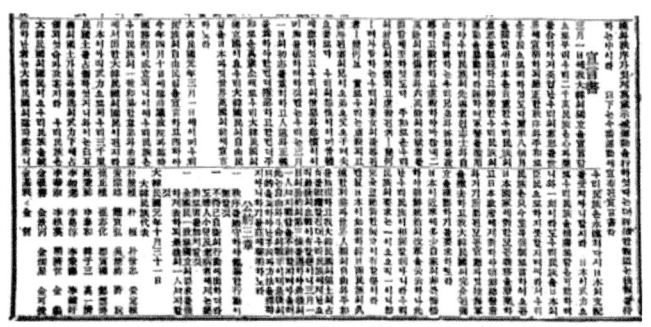
대한 민족 대표 독립선언서(《독립신문》 1919년 11월 11일 자 1면)

본의 모든 관청과 군대를 철거하여 우리 '대한민국의 완전한 독립'을 이룩하기를 요구하였다.

끝으로 이 선언서는 독립운동을 '자유와 생명을 위한 전쟁'이라고 표현하였다. 이를 위해서 우리 민족은 오직 최후의 한 사람까지 수단과 방법을 가리지 않고 혈전을 마다하지 않을 것임을 다짐하고 있다.

그러면서도 '공약 삼장'을 통해서 '스스로를 지키기 위한 행동일지라도 부인, 소아 및 노인과 병자를 절대로 해치지 말 것'을 주문하고 있다. 이는 〈대한 민족 대표 독립선언서〉가 '제2의 독립선언서'라는 별칭에 어울리게 〈3·1 독립선언서〉의 인도주의 정신까지도 계승하였다는 점을 보여 준 것이라고 하겠다.

대한 민족 대표 독립선언서

　3월 1일에 우리 대한의 독립을 선언함으로부터 우리 2천만 민족은 마음과 목소리를 합하여 거짓 없는 우리의 의사를 세계에 널리 분명하게 밝히되 엄정한 질서와 평화로운 수단으로써 하였도다.

　이후 8개월을 지켜보니, 일본은 귀중한 우리 민족의 의사를 무시하고 신성한 우리 민족의 운동을 폭동이라 왜곡하며 군경을 함부로 써서, 우리 민족의 선도자인 지사와 자유를 부르짖는 우리 형제자매를 능욕하고 구타하고 학살하여 마침내 2만여 명의 사상자와 6만여 명의 투옥자를 내기에 이르렀도다.

왜곡(歪曲) 사실과 다르게 해석함. 당시 일본은 우리의 독립운동을 폭동이라고 깎아내려 말하고 독립운동가들을 '불령조선인'이라고 업신여겨 말하였다. 불령(不逞)이란 말은 불평불만을 품고 제멋대로 행동한다는 뜻이다.

학살(虐殺) 사람을 잔인하게 마구 죽임. 일제 강점기 대표적인 학살 사건으로는 1919년 4월 15일 지금의 화성시 제암리에서 벌어진 '제암리 학살 사건'이 있다. 이 사건으로 마을 주민 37명이 마을 교회당 안에서 일본군에 의해 집단 학살당했다.

1919년 3월 1일 온 세상 앞에
우리 민족은 대한 독립을 선언하였다.
이후 일본은 우리의 독립운동을 폭동이라고 탄압하여
자유를 외치는 우리 동포들 2만여 명을 살상하였고
6만여 명을 투옥시켰다.

평화로운 우리의 마을이 불타서 부서지고 학살된 자가 얼마이며 사랑하는 우리 처녀 중 능욕을 당한 자가 얼마이뇨. 실로 우리는 학살되고 능욕당한 자의 형이고 아우이며, 어버이이고 아들이며, 지아비이고 아내로다. 우리의 원한이 이미 뼛속 깊이 사무쳤고 우리의 증오와 비분이 이미 가슴을 찢으려 하건만, 우리는 3월 1일의 처음부터 품은 뜻을 중히 여기어 인도와 정의를 위하여 한 번 더 참고 견디고 한 번 더 평화로운 만세 소리로 우리 대한민국이 독립국이요 우리 대한 국민이 자유민임을 일본과 세계 만국 앞에 선언하노라.

대한민국(大韓民國) 우리나라의 국호. '대한민국'이란 국호는 1919년 3·1운동 직후 만들어진 대한민국 임시 정부에서 정해졌다. 1919년 4월 11일 임시 정부의 첫 임시 의정원 회의에서 신석우 선생이 우리나라가 "대한으로 망했으니 대한으로 다시 흥해 보자."고 설명하고 '대한제국'의 '제국'이란 말을 공화국을 뜻하는 '민국'이란 말로 바꾸어 '대한민국'을 국호로 제안함으로써 결정되었다.

우리 대한민국이 독립국이요 우리 대한 국민이 자유민임을 일본과 세계 만국 앞에 선언하노라. 〈3·1 독립선언서〉는 "우리 조선이 독립국이며 조선 사람이 자주민임을 선언하노라." 하고 시작하였다. 〈대한 민족 대표 독립선언서〉는 대한민국 임시 정부가 수립되고 6개월여 만인 1919년 10월 30일에 발표한 것인데, "3월 1일의 처음부터 품은 뜻을 중히 여겨" "우리 대한민국이 독립국이요 대한 국민이 자유민"이라고 선언하였다. 이를 비교해 판단하면 '조선'이 '대한민국'이 되고 '조선 사람'이 '대한 국민'이 되는 것은 이미 '1919년 3월 1일의 처음부터 품은 뜻'이었다는 사실을 알 수 있다.

'병합' 이후 일본이 저지른 학살과 능욕으로
우리의 원한과 비분은 참을 수 없는 지경에 이르렀다.
이에 3·1운동으로 대한민국을 세운 우리는
정의와 인도주의를 위하여 한 번 더
우리 대한민국이 독립국이고 대한 국민이 자유민임을
일본과 세계 만국 앞에 선언한다.

대한민국 원년 3월 1일에 이미 우리 민족의 자유민임을 선언하고 이에 따라 금년 4월 10일에 대한민국 임시 의정원과 임시 국무원이 성립되니, 이에 우리 민족은 우리 민족의 일치된 의사와 희망에서 나온 대한민국의 국민이 된지라. 일본이 아직 무력으로 우리 삼천리의 국토를 점령하고 있지만 이는 벨기에의 국토가 일찍이 독일의 무력하에 점령되었음과 같은지라. 우리 민족은 대한민국의 국민이요, 우리 민족을 통치하는 자는 대한민국의 임시 정부니, 우리 민족은 영원히 다시 일본의 지배를 받지 아니할지라. 일본이 무력으로 우리 민족을 포로로 함은 가능하려니와 한순간이라도 우리 민족을 일본의 신하와 백성으로 삼지 못할 것이다. 따라서 우리 민족은 지금토록 강제로 당해 오던 일본 국가에 대한 모든 의무를 폐기하고 일본 정부에 대하여 조선총독부와 그에 소속된 모든 관청과 육해군을 철거하고 우리 대한민국의 완전한 독립을 확인하기를 요구하노라.

대한민국 원년(元年) 3월 1일 '원년'이란 말은 '나라를 세운 해' 또는 '어떤 일이 시작되는 해'라는 뜻이다. 따라서 '대한민국 원년 3월 1일'이라는 말은 3·1운동이 일어난 '1919년 3월 1일'부터 대한민국이 시작되었다는 것을 의미한다. '대한민국'이란 국호는 1919년 4월 11일 정해졌지만, 대한민국이란 나라는 1919년 3·1운동으로 세워졌다고 생각하고 있었다는 것을 보여 주는 대목이다.

1919년 3·1운동으로 말미암아
우리 민족은 대한민국의 국민이 되었다.
이제 우리 민족을 통치하는 자는 대한민국의 임시 정부이니
일본은 한순간이라도 우리 민족을 통치할 수 없다.
따라서 우리 민족은 일본에 대한 모든 의무를 폐기하고
우리 땅에 있는 일본의 모든 관청과 군대를 철거하여
우리 대한민국의 완전한 독립을 이룩하자.

일본이 근래에 다소 자기의 잘못을 뉘우쳐서 조선 통치의 개혁을 운운하나 이는 우리 민족이 상관할 바가 아니라. 우리 민족의 요구는 하나이고 오직 하나니 즉 완전하고 절대적인 독립이 있을 뿐이라. 만일 일본이 여전히 한일 두 민족의 영원한 이익과 세계 인류의 자유와 평화를 무시하고 우리 대한민국의 영토를 계속 점유할진대 우리 민족에게는 오직 최후의 혈전이 있을 뿐이니 3월 1일의 공약 삼장을 좇아 최후의 1인까지 싸움을 마다하지 않을 것이다. 아울러 이는 자유와 생명의 전쟁임에 최후의 목적을 위해서는 수단과 방법을 가리지 아니하기를 이에 성명하노라.

조선 통치의 개혁 3·1운동으로 일본은 우리나라에 대한 정책을 이른바 '무단 통치'에서 '문화 통치'로 바꾸었는데 이를 가리킨 말이다.

공약 삼장 〈3·1 독립선언서〉의 '공약 삼장'을 말한 것이다. 이 가운데 '최후의 1인'이 포함된 장은 두 번째인데, 내용은 "최후의 한 사람까지 최후의 한 순간까지 민족의 정당한 의사를 시원스럽게 발표하라."이다.

성명(聲明) 어떤 일에 대한 자기 생각이나 주장을 겉으로 밝혀서 발표하는 것, 여기서는 대한민국이 완전하고 절대적인 독립국임을 선언하는 것이다.

일본이 실시한 '문화 통치'는 우리 민족이 원하는 것이 아니다.
우리 민족은 오직 완전하고 절대적인 독립을 요구할 뿐이다.
그럼에도 일본이 계속 한일 두 나라의 이익과
세계 인류의 자유와 평화를 무시한 채 대한민국의 영토를 차지한다면
우리 민족은 오직 최후의 한 사람까지 혈전을 마다하지 않을 것이다.
이는 자유와 생명을 위한 전쟁이므로
목적을 위해 수단과 방법을 가리지 않을 것이다.

공약 삼장

1. 질서를 엄수하여 난폭한 행동이 없을 것
1. 부득이 스스로를 지키기 위한 행동에서 나온 것이라도 부인, 소아 및 노인과 병자에게는 절대로 해를 가하지 말 것
1. 온 국민이 일치하여 독립의 요구를 강하게 드러내되 최후의 한 사람까지 할 것

대한민국 원년 10월 31일

대한 민족 대표

박은식, 박　환, 박세충, 안정근, 안종술, 조선홍, 오능조, 허　완, 최정식, 최지화, 도인권, 정운시, 연병우, 신태화, 한우삼, 고일청, 이상노, 이락순, 이병덕, 이종오, 이화숙, 이근영, 명제세, 김　구, 김의선, 김경하, 김찬성, 김가준, 김기창, 김　철.

부득이 스스로를 지키기 위한 행동에서 나온 것이라도 부인, 소아 및 노인과 병자에게는 절대로 해를 가하지 말 것 이는 대한민국의 독립운동이 어떠한 경우에도 인도주의 정신을 굳게 지키려는 것이었다는 점을 잘 보여 주는 대목이다.

온 국민이 일치하여 이미 앞에서 우리 민족은 1919년 3·1운동으로 말미암아 '대한민국의 국민'이 되었다고 천명하였으므로 이를 좇아서 '국민'이라고 표현한 것이다.

우리 대한민국의 온 국민은 일본과 독립 전쟁을 치르는 데
질서를 엄수하고 난폭한 행동을 하지 말고,
스스로를 지키기 위한 행동일지라도
부인, 소아 및 노인과 병자를 절대로 해치지 말며,
일치단결하여 완전하고 절대적인 독립을 이룩하도록
최후의 한 사람까지 맹렬하게 나아가자.

추천사

대한민국 독립선언서를 왜 읽어야 할까요?

2019년 3월 1일은 대한민국 100주년이 되는 날입니다. 1919년 3월 1일 우리 민족이 독립 선언을 하고, 상해로 모인 임시 대표들은 4월 11일 임시 의정원에서 대한민국이라고 나라 이름을 정하고, 임시 헌장을 만들고, 대한민국 임시 정부를 세웠습니다. 그리고 여러 곳에서 만들었던 임시 정부를 모두 모아 하나로 만든 것이 1919년 9월 11일입니다.

그동안 곳곳에서 많은 사람들이 독립선언서를 발표했습니다. 이 책에는 그 가운데 네 가지가 실려 있습니다. 1917년 대동단결선언, 1919년 2월 대한 독립선언서, 널리 알려져 있는 3·1 독립선언서, 1919년 10월 대한 민족 대표 독립선언서입니다.

그런데 아쉽게도 요즘 많은 사람들이 독립선언서를 잘 모릅니다. 대부분 사람들은 3·1 독립선언서만 나온 줄 알고 있습니다. 더 많은 독립선언서들이 있다는 걸 모릅니다. 독립선언서 하나하나가 모두 100년 전 수많은 독립운동가들이 목숨 걸고 써서 발표한 것인데 말이죠.

이 책은 어린이, 청소년은 물론 교사, 학부모까지 100년 전 우리 조상들이 어떤 마음과 정신으로 대한민국을 만들었는지 조금이라도 알았으면 좋겠다는 생각으로 만들었습니다.

3·1 독립 만세 운동은 우리 민족이 5천 년 역사에서 처음으로 민주 공화국을 세울 수 있도록 한 혁명이고, 오늘의 대한민국이 시작된 날이라는 것을 분명하게 깨닫기 바랍니다.

우리 민족은 단 한순간도 국가 주권을 다른 민족한테 내놓은 적이 없습니다. 국토를 침략해서 점령하고 있는 적국 일본으로부터 국토를 되찾기 위해 목숨 바쳐 싸웠던 우리 조상들의 기백을 느꼈으면 합니다. 우리 민족의 생존과 평화는 물론 동양 평화, 세계 평화, 인류 평화를 위해 독립 투쟁을 했던 그 정신을 이어받았으면 합니다. 이런 마음으로 천천히 숨을 깊이 쉬면서 함께 읽어 보기를 권유합니다.

대한민국 101년, 2019년 1월 20일
우리헌법읽기국민운동 공동대표 이주영

참고 자료

《한국 독립선언서 연구》 김소진, 1999, 국학자료원
《주해 독립선언서》 김영호, 1988, 대성인쇄사
《한국민족문화대백과사전》

〈해외 한인 대동단결 선언서〉 신한일보 1917년 9월 20일자
〈임시정부 수립을 위한 1917년의 대동단결 선언〉 조동걸, 1987,
　　《한국학논총 9》 국민대학교
〈3·1독립선언서 연구〉. 홍일식, 1989, 《한국독립운동사연구 3집》
〈3.1운동의 배경과 독립선언〉 이윤상, 2009, 《한국독립운동의 역사 18》
　　독립기념관 한국독립운동사연구소
〈국내 3.1운동 Ⅰ- 중부·북부〉 김정인·이정은, 2009, 《한국독립운동의 역사
　　19》 독립기념관 한국독립운동사연구소

〈선언서〉 독립기념관 한국독립운동사 정보시스템
〈우리역사넷〉 국사편찬위원회
〈한글 독립선언문〉 민주화운동기념사업회